FRANCISCO FAUS

A FORÇA DO EXEMPLO
dos pais e orientadores

3ª edição

@ @editoraquadrante
♪ @editoraquadrante
▶ @quadranteeditora
f Quadrante

São Paulo
2023

Copyright © 2005 Quadrante Editora

Capa
Provazi Design

Dados Internacionais de Catalogação na Publicação (CIP)

Faus, Francisco
 A força do exemplo: dos pais e orientadores / Francisco Faus
— 3ª ed. — São Paulo: Quadrante, 2023.

 ISBN: 978-85-7465-504-8

 1. Educação doméstica 2. Pais - Vida religiosa 3. Pais e filhos
4. Papel dos pais - Aspectos religiosos - Cristianismo I. Título
CDD-248.845

Índice para catálogo sistemático:
1. Pais e filhos: Guias de vida cristã:
Cristianismo 248.845

Todos os direitos reservados a
QUADRANTE EDITORA
Rua Bernardo da Veiga, 47 - Tel.: 3873-2270
CEP 01252-020 - São Paulo - SP
www.quadrante.com.br / atendimento@quadrante.com.br

SUMÁRIO

Introdução
UMA TAREFA URGENTE E DIFÍCIL....... 5

QUATRO IMAGENS SIMBÓLICAS 11

AS «FORÇAS» DO EXEMPLO 43

O «EDUCADOR DO MUNDO» 111

Introdução
UMA TAREFA URGENTE E DIFÍCIL

A formação dos filhos no lar é uma tarefa, ao mesmo tempo, urgente, insubstituível e difícil. O Papa João Paulo II dedicou, ao longo do seu pontificado, uma especial atenção ao matrimônio e à família, vistos com olhos cristãos como «um dos bens mais preciosos da humanidade»[1]. Incansavelmente recordou que a família «é a célula primeira e vital da sociedade», de modo que «o bem da sociedade e da Igreja está profundamente ligado ao bem da família»[2]. E, dentro

---

(1) Exortação Apostólica *Familiaris consortio*, 22.11.1981, n. 1.
(2) *Ibid.*, ns. 42 e 3.

dessa perspectiva, quis dar uma especial ênfase à função educadora dos pais: «Gerando no amor e por amor uma nova pessoa, que traz em si a vocação para o crescimento e para o desenvolvimento, os pais assumem por isso mesmo o dever de ajudar eficazmente a viver uma vida plenamente humana [...]. Com confiança e coragem, devem formar os filhos para os valores essenciais da vida humana»[3].

Essa ação formativa dos pais desdobra-se em múltiplas facetas. Nestas páginas, vamos centrar-nos numa só delas, que é, sem dúvida, a primordial: o exemplo. *«O melhor educador é o exemplo*. Aprende-se melhor pela intuição e experiência. É necessário que os pais vivam primeiro aquilo que pretendem que os filhos vivam depois [...]. Os pais precisam [...] irradiar com alegria o calor da vivência cristã. Assim os filhos se sentem contagiados». As virtudes dos pais são o modelo

---

(3) *Ibid.*, ns. 36 e 37.

fundamental para os filhos. Esses deverão aprender a viver as virtudes humanas e cristãs, praticadas pelos pais, «de forma insubstituível, no próprio lar: honestidade, solidariedade, respeito, sinceridade, lealdade, fortaleza, laboriosidade, constância, fidelidade, prudência, justiça, temperança, castidade, desprendimento, sobriedade, humildade e tantas outras». Assim se expressa um recente documento — excelente — sobre a pastoral familiar[4].

O panorama é muito sério, causa até vertigem. Mas esse dever de dar exemplo é um dever ao qual os pais não podem furtar-se. Porque nada nem ninguém o poderá suprir. Quando já se viveu uma vida longa e, por bondade de Deus, se pôde apreciar o impacto decisivo (o mais decisivo de todos!) que o exemplo dos bons pais (e dos avós!) produziu nos filhos, essa necessidade do exemplo

---

[4] Conferência Nacional dos Bispos do Brasil, *Diretório de pastoral familiar*, Ed. Paulinas, 2005, ns. 135, 136 e 139.

deixa de ser uma bela teoria para tornar-se uma prioridade irrenunciável.

Penso agora, por exemplo, em experiências vividas muitas vezes por nós, os sacerdotes, que temos função de orientar as almas. Talvez sejam episódios menores, mas são significativos, histórias simples de gente boa que — por algum tempo, mais ou menos longo — andara afastada de Deus, fria ou extraviada, e que um bom dia, movida pela graça, voltou-se com todo o coração para Deus e, juntamente com a fé reencontrada, reconstruiu a harmonia familiar, ou abandonou uma conduta pessoal ou profissional indigna de um cristão...

Quantas vezes a explicação dessa mudança vinha expressada com palavras como as seguintes:

— O senhor sabe, minha mãe era muito religiosa, ela nos ensinou a rezar desde crianças, não passava uma noite sem que viesse fazer conosco as orações, e eu guardo dela a lembrança do amor a Jesus na Eucaristia, da confiança que tinha em Nossa Senhora — ela nos incentivava a beijar a pequena imagem do quarto ao chegarmos a casa —, da paz com que confiava as nossas saídas à rua, sempre potencialmente perigosas, ao Anjo da Guarda... Rezava e amava. Rezava, amava, sacrificava-se e era feliz... Quando morreu, cheia de paz na alma, essas lembranças afloraram de dentro de mim como um jato de luz..., e «senti», com uma clareza e uma força incríveis, que ela estava certa e eu devia mudar...

Outros foram «salvos» — foi Deus que os salvou por esse meio — pela lembrança do avô, cristão a toda a prova, trabalhador honestíssimo e incansável na sua luta por tirar a família da pobreza e oferecer-lhe um futuro melhor:

— Nunca lhe ouvi uma queixa. Tinha tanta fé em Deus, que a sua confiança na Providência podia quase tocar-se com as mãos. Quando ele me dizia: — «Vá com Deus», eu sempre sentia um arrepio porque, o senhor sabe, ele o dizia com tanta convicção, com tanta verdade! Agora, depois de tantos tombos, fracassos e decepções, eu vejo: ele é que estava certo!... Lembro-me muito dele, isso me faz sentir uma necessidade imensa de Deus, porque Deus..., eu o deixei estacionado no acostamento da vida.

QUATRO IMAGENS SIMBÓLICAS

Na primeira parte deste livrinho, pareceu-me oportuno começar ajudando os leitores a «despertar» a consciência sobre a importância do seu exemplo.

Acabamos de citar a frase que diz que «o melhor educador é o exemplo». Um antigo aforismo confirma que «é com o exemplo que Deus constrói ou o Inimigo destrói». Por isso, porque tudo isso é verdade, precisamos abrir bem os olhos e fazer um exame de consciência. Não é possível viver fazendo de conta que, na realidade, a nossa influência sobre os filhos — e, em geral, sobre os que convivem conosco — é pequena, que tem pouco peso. Não é verdade! Nenhuma atitude nossa é neutra. Sempre faz bem ou faz mal, mesmo quando nada fazemos («mas..., se eu não fiz nada!»), porque quase sempre as nossas omissões são a ausência de um bem necessário que deveríamos ter feito aos outros.

Para esse exame de nós mesmos, vamos recorrer a um sistema que pode ser útil: olhar-nos no espelho de *quatro imagens simbólicas* utilizadas por Cristo para ilustrar, entre outras coisas, o valor do exemplo como foco de irradiação benéfica sobre a vida dos outros, especialmente sobre a vida daqueles que Deus nos confiou de maneira direta. São a imagem da *luz*, a imagem do *sal*, a imagem do *fermento* e a imagem do *pastor*.

Sobre cada uma delas projetaremos alguns *flashes* que despertem a nossa consciência e nos ajudem a fazer um esboço do nosso autorretrato moral nesta matéria do exemplo. Talvez o autorretrato nos cause um certo arrepio. Demos, então, graças a Deus, que não permitiu que continuássemos a guiar os filhos com os olhos vendados.

Feito esse exame prévio — com algum detalhe e diversas avaliações, algumas delas «quentes» e eventualmente «ardidas» —, passaremos para a segunda parte destas considerações, dedicada a uma reflexão mais aprofundada sobre as «forças do exemplo», ou seja, sobre as condições necessárias para que o exemplo seja, realmente, um instrumento eficaz para a formação dos filhos. Finalmente, a terceira e última parte estará dedicada à consideração das «três grandes tochas do exemplo cristão» (na hora veremos quais são), que contemplaremos encarnadas na vida grande e santa do Papa João Paulo II, que foi pai de uma família de milhões de filhos e orientador do mundo inteiro; por isso, não hesito em propô-lo como modelo de pais e orientadores.

Acrescentarei ainda, nesta apresentação do plano geral da obra, que, embora todas as páginas focalizem o exemplo dos pais, procurarei referir-me com frequência àqueles outros que têm também o dever de dar exemplo a adolescentes e jovens, ainda que em outro nível (nem sempre muito inferior ao dos pais), como são os mestres, os pastores de almas, os orientadores educacionais e psicológicos, etc. Desejaria, porém frisar, com todas as minhas forças, que nada nem ninguém pode *substituir* — salvo em casos excepcionais — a força do exemplo dos pais. Se este faltar, todos os outros exemplos ficarão enfraquecidos ou anulados.

A imagem da luz

AS OBRAS ACIMA DAS PALAVRAS

Vós sois a luz do mundo [...]. Brilhe a vossa luz diante dos homens, para que vejam as vossas boas obras e glorifiquem o vosso Pai que está nos céus (Mt 5, 14.16).

A luz entra pelos olhos. O que os olhos enxergam em plena claridade fala por si, não precisa de palavras nem, muito menos, de «palavreado» para se explicar.

Assim é o bom exemplo, e assim o apreciaram sempre os grandes homens, sobretudo os santos. Já Santo Inácio de

Antioquia, o bispo mártir do século II, enquanto era conduzido a Roma para ser atirado aos leões, escrevia aos efésios: «É melhor calar-se e ser do que falar e não ser. É maravilhoso ensinar, quando se faz o que se diz [...]. Aquele que compreende verdadeiramente a palavra de Jesus pode entender o seu silêncio [ou seja, o que os seus exemplos «dizem» sem palavras]; e então será perfeito, porque atuará de acordo com a sua palavra, e se manifestará também mediante o seu silêncio [mediante o que faz sem falar]»[1].

O doce Santo Antônio de Pádua adotava um tom santamente irado quando falava do exemplo: «É viva a palavra quando são as ações que falam. Cessem, peço, os discursos, falem as obras. Estamos saturados de palavras, mas vazios de obras»[2]. Hoje, a pedagogia científica insiste cada vez mais no valor insubstituível

---
(1) Santo Inácio de Antioquia, *Carta aos efésios*, n. 15.
(2) Santo Antônio de Pádua, *Sermões*, I, 226.

da chamada *educação invisível*[3], da força exemplar das convicções e das atitudes que as encarnam.

A imagem da luz é simples. A boa luz permite enxergar bem, sem confusões; mostra perigos que a sombra ocultaria; ilumina referenciais da paisagem e dos caminhos que a escuridão encobriria; e também aquece, estimula a vitalidade e favorece a alegria. Poderíamos dizer que os que irradiam a claridade do bom exemplo têm todas essas características da luz.

EU SOU LUZ OU SOMBRA?

Tendo isso em mente, tentemos fazer o nosso exame de consciência, partindo de uma pergunta desafiadora. *Eu sou luz ou sombra?* O leitor quer enfrentá-la com coragem? Pois então, veja, só para exemplificar, alguns daqueles *flashes*,

---

(3) Víctor García Hoz, *Pedagogia visível. Educação invisível*, Ed. Nerman, São Paulo, 1988.

«lampejos» esclarecedores de que falávamos acima:

— Se eu sou uma pessoa sincera, constante, organizada, leal à palavra dada e fiel aos compromissos, sou luz. Os outros — filhos, alunos, etc. —, junto de mim, veem claro e sentem-se seguros. Mas se sou pessoa mentirosa, inconstante, desordenada e volúvel, sou sombra. Os que dependem de mim ficam confusos, inseguros, não conseguem avaliar o alcance das minhas palavras, das minhas atitudes, das minhas promessas; em suma, não podem contar comigo como um farol orientador nem como um apoio.

— Se eu sou pessoa com ideais nobres e definidos na vida, pessoa que tem valores positivos — ânsias de fazer o bem —, que vibra com eles, que procura praticá-los; se sou pessoa cheia de fé e de esperança e posso dizer, como Jesus, *sei de onde venho e para onde vou* (Jo 8, 14), então sou luz; mais ainda, sou reflexo da Luz com maiúscula, sou sinalização divina, foco cristão que orientará outras vidas. Mas se sou pessoa cética, agnóstica, cheia de incertezas e de pessimismo, convencida de que neste mundo nada há de bom, tudo é interesseiro, os valores são imaginários e os ideais tolices; se me julgo realista porque capitulo perante os interesses egoístas da terra e sou incapaz de ver, além deles, outra finalidade para a vida, então sou uma sombra mais daninha que uma cascavel oculta nas cobertas, e as primeiras vítimas podem ser os que mais amo.

— Se eu sou um lutador que detesta o conformismo e a acomodação, um coração que sempre quer puxar a vida para patamares mais elevados e perfeitos — para aspirações nobres, para virtudes —; se detesto a mediocridade, se vibro com ânsias de justiça, se arquiteto sonhos realistas para tornar o mundo mais fraterno e belo e os outros mais felizes, então, com certeza, sou luz. Se, porém, cochilo na rede da canseira moral e do desencanto; se resmungo mais do que animo, se tenho alma, coração, atitudes, palavras e gestos desbotados pela frustração; se faço troça dos sonhadores sacrificados, se tenho pena dos que «ainda» acreditam no amor, na verdade, na justiça e no bem, então eu sou, com certeza, uma treva miserável.

— Se eu vejo, antes de mais nada, o lado positivo das coisas; se os meus comentários, em casa e fora de casa, sem serem ingênuos, são sempre estimulantes; se sou conhecido como aquela pessoa que sempre acolhe, que sempre está disposta a ajudar, que sempre anima, que sempre sorri, que alegra qualquer ambiente, então eu sou uma luz que concentra as sete cores da alegria. Mas se pertenço ao rol daqueles que, mal aparecem em casa, ou se sentam à mesa, ou entram na sala de aula, iniciam uma nova era glacial, apagam o sorriso dos outros («fechou o tempo», dizem deles); se a minha característica é a irritação, a impaciência e o mau humor; se reclamo de tudo e de todos; se acho tudo ruim; se não agradeço nada; se tenho pena de mim mesmo e ando com complexo de vítima — então, meu amigo, então eu sou uma sombra pior que as que Dante pinta no Inferno.

Guardemos bem estas amostras e passemos para uma segunda imagem.

A imagem do sal

Vós sois o sal da terra. Se o sal perder o sabor, com que lhe será restituído o sabor? Para nada mais serve senão para ser lançado fora e calcado pelos homens (Mt 5, 13).

Os ouvintes de Cristo podiam entender estas palavras tal como nós, pois todos sabemos qual é a utilidade do sal. Resume-a com simplicidade este pensamento de

São Josemaria Escrivá: «Sal da terra. — Nosso Senhor disse que os seus discípulos — tu e eu também — são sal da terra: para imunizar, para evitar a corrupção, para temperar o mundo. — Mas também acrescentou "quod si sal evanuerit..." — que se o sal perde o seu sabor, será lançado fora e pisado pelos homens...»[4]

Há pessoas que, tendo uma vida comum, igual à de muitos outros, dão a tudo o que dizem e fazem o toque de um «sabor» diferente. Os que com eles convivem e se relacionam captam, talvez de modo inconsciente, que tudo neles é atraente, porque está condimentado pela bondade, pelo amor, pela lealdade, pela serenidade, pela fé. Admiram-nas. Gostariam de ser como elas.

Era isso o que acontecia com os primeiros cristãos, como relata um antiquíssimo escrito do século II, a *Carta a Diogneto*: «Os cristãos não se distinguem

---

(4) Josemaria Escrivá, *Sulco*, 4ª ed., Quadrante, São Paulo, 2016, n. 342.

dos outros homens, nem por sua terra, nem por língua ou costumes. [...]. Vivendo em cidades gregas e bárbaras, conforme a sorte de cada um, e adaptando-se aos costumes do lugar quanto à roupa, ao alimento e ao resto, testemunham um modo de vida singular e admirável [...]. Casam-se como todos e geram filhos, mas não abandonam os recém-nascidos. Põem a mesa em comum, mas não o leito; estão na carne, mas não vivem segundo as paixões da carne; moram na terra, mas têm a sua cidadania no Céu; obedecem às leis estabelecidas, mas com a sua conduta ultrapassam as leis; amam a todos, ainda que sejam perseguidos por todos [...]. Em poucas palavras, assim como a alma está no corpo, assim estão os cristãos no mundo»[5].

Fica patente nessa apologia que os primeiros cristãos eram, como Cristo desejava, o *sal da terra*. O seu «modo de

---

(5) *Carta a Diogneto*, ns. 5 e 6.

vida singular e admirável», o seu exemplo — fruto palpável da sua fé e do seu amor —, atraía os corações mais nobres dentre os pagãos.

Mas não nos esqueçamos de que Cristo falou também do sal que perde o sabor, esse sal que, quando se estraga, não só deixa os alimentos insípidos, como pode vir a produzir náuseas. Talvez nos lembremos de umas palavras fortes do *Apocalipse*, que Jesus dirige a uma comunidade em que começava a haver cristãos mornos, tíbios, dizendo-lhes — é duro! — que lhe provocavam ânsias de vômito. Trata-se de um trecho da carta dirigida à igreja de Laodiceia, muitas vezes citada nas obras de espiritualidade: *Conheço as tuas obras: não és nem frio nem quente. Oxalá fosses frio ou quente! Mas, como és morno, nem frio nem quente, estou para te vomitar da minha boca* (Ap 3, 15-16).

Nem frio nem quente. Na vida de um cristão morno, tudo é insípido, tudo tem o mau sabor de sal corrompido. Assim acontece, infelizmente, com o amor decadente, desleixado e rotineiro dos esposos, dos pais, esse amor que, por não se renovar com detalhes de delicadeza, criatividade e abnegação, foi ficando encardido, esgarçado, e acabou tendo cheiro de mofo, para não dizer odor de cadáver.

São Josemaria Escrivá dizia: «Fujamos da rotina como do próprio demônio», e qualificava a rotina de «abismo, sepulcro», armazém de coisas mortas[6]. A rotina não é só o túmulo do amor dos esposos. Também o trabalho feito sem amor, sem perfeição e capricho nos detalhes, sem espírito de serviço (pense no trabalho no lar), fica sendo como uma comida insossa e azedada... O «exemplo» de pais assim, espiritualmente mais «mortos» do que «vivos», é natural que não atraia nem faça bem algum. Como seria triste, ou melhor, trágico, que houvesse filhos que pensassem: «Eu não quero ser como os meus pais! Eles me

---

(6) Cf. Josemaria Escrivá, *Caminho*, 11ª ed., Quadrante, São Paulo, 2016, n. 551.

fizeram desacreditar do casamento, do amor, da família, da vida». Como seria amargo ter tido pais, mestres, pastores de almas, que foram incapazes de nos fazer sentir o gosto de Deus e, com Ele, as alegrias verdadeiras da vida!

A imagem do fermento

O Reino dos céus é comparável ao fermento que uma mulher toma e mistura em três medidas de farinha e que faz fermentar toda a massa (Mt 13, 33).

Esta imagem é importante, sobretudo nos tempos atuais. Lembra-nos que o mundo é uma «massa» carente, quase inteiramente, da qualidade do bom pão das virtudes cristãs, da consistência e do sabor da verdade e da lei de Deus. Por isso, o exemplo dos cristãos responsáveis é decisivo no seu ambiente. Para transformar a massa em pão de Deus, o fermento precisa ter uma força e uma eficácia capazes de levantá-la. Uma força que só Cristo pode dar. É algo que, apontando-o agora, veremos mais em profundidade na segunda e na terceira parte destas páginas.

Mas não podemos deixar de constatar desde já que vivemos, de facto, numa sociedade cada vez mais *massificada*, em que o ambiente materializado e incrédulo que nos cerca despersonaliza as pessoas, *massificando-lhes* a cabeça, os costumes, os gostos e os vícios, até quase anular-lhes a personalidade. Cria, em série, adolescentes e jovens consumistas e hedonistas. Basta abrir os olhos para perceber que a «cultura global de massa» robotiza a juventude. Se não houver *educadores-fermento*, cheios da vitalidade do ideal cristão, a inércia cega dos adolescentes que não pensam (talvez porque nunca viram nem aprenderam nada melhor por parte dos que deviam educá-los) os colocará na boca do lobo da «cultura-ambiente» materialista e pagã.

Nada mais fácil, nesse clima envolvente, que tornar-se massa. Nada mais fácil que aceitar, sem anticorpos de ideias, de doutrina, de cultura e de espírito crítico, os valores (os contravalores) da maioria que segue a corrente. Nada mais fácil — é só deixar-se puxar pelo cabresto — que adotar os hábitos sociais comuns e mergulhar bem cedo, já na infância e na adolescência, nos vícios generalizados (álcool, drogas, obsessões «eletrônicas», aberrações sexuais), enquanto leituras, programas de TV, «mestres», etc., vão injetando na «veia» todos os preconceitos contra as atitudes cristãs fundamentais, os valores éticos básicos, as evidências da lei natural sobre a vida, a morte, o amor e a família, valores — infelizmente — nunca conhecidos com seriedade, nunca aprendidos com profundidade.

«A pós-modernidade — afirma Víctor García Hoz — é um grande vácuo. A profusão de ideias contraditórias, o relativismo predominante em muitas ideologias e o pragmatismo superficial da sociedade atual dão razão ao ditado de que o mundo de hoje, especialmente a juventude, sabe o que *não quer*, mas não sabe o que *quer* [...]. Os valores que apoiavam a vida humana foram rejeitados e não foram substituídos por outros. O pensamento da pós-modernidade vacila entre a melancolia e o vazio»[7].

Não feche os olhos! É no meio dessa massa desnorteada que se encontram os seus filhos, os seus alunos, os membros do seu rebanho de pastor. Muita gente boa, ao constatar isso, sofre, sofre muito. Mas, o que faz? O que fazemos? Lutamos, porventura, cada um de nós, por ser o fermento de que essa massa manipulada precisa para ganhar qualidade humana e cristã? Os nossos critérios e comportamentos têm a potência do fermento, capaz de levedar a massa e transformá-la em bom pão?

Pense que é Deus quem lhe dirige, silenciosamente, estas interrogações. O que lhe vai responder?

---

(7) Víctor García Hoz, *Pedagogia visível. Educação invisível*, pág. 112.

A imagem do pastor

PASSOS QUE ASSINALAM O CAMINHO

Na belíssima parábola do Bom Pastor, Cristo reúne mensagens cheias de riqueza espiritual. É claro que a parábola é, em primeiro lugar, um autorretrato de Cristo — *o bom pastor que dá a vida pelas suas ovelhas* (Jo 10, 11) — e, em segundo lugar, uma pauta para os pastores da Igreja. Mas as ricas virtualidades da palavra de Cristo atingem-nos a todos, e, assim, a imagem do pastor que, *depois de conduzir todas as suas ovelhas para fora do aprisco, vai na frente delas*, indicando-lhes o caminho com os seus passos, *e as conduz à pastagem* (cf. Jo 10, 3 e 4), é especialmente ilustrativa para os que temos o dever de orientar e guiar.

A imagem do bom pastor lembra-nos, acima de tudo, a necessidade de *ir na frente*, marcando o rumo com os nossos passos, ou seja, com o nosso exemplo. Esse dever reveste-se de uma especial gravidade quando se trata dos pais.

Assim o recordava São Josemaria Escrivá, numa homilia sobre a família:

> Os pais educam fundamentalmente com a sua conduta. O que os filhos e as filhas procuram no pai e na mãe não são apenas uns conhecimentos mais amplos que os seus, ou uns conselhos mais ou menos acertados, mas algo de maior categoria: um testemunho do valor e do sentido da vida encarnados numa existência concreta, confirmado nas diversas circunstâncias e situações que se sucedem ao longo dos anos.
>
> Se tivesse que dar um conselho aos pais, dir-lhes-ia sobretudo o seguinte: que os vossos filhos vejam — não alimenteis ilusões, eles percebem tudo desde crianças e tudo julgam — que procurais viver de acordo com a vossa fé, que Deus não está apenas nos vossos lábios, que está nas vossas obras, que vos esforçais por ser sinceros e leais, que vos quereis e os quereis de verdade.

Assim contribuireis da melhor forma possível para fazer deles cristãos verdadeiros, homens e mulheres íntegros, capazes de enfrentar com espírito aberto as situações que a vida lhes apresente, de servir aos seus concidadãos e de contribuir para a solução dos grandes problemas da humanidade, levando o testemunho de Cristo aonde quer que se encontrem mais tarde, na sociedade[8].

Também o simbolismo do pastor nos sugere uma porção de perguntas. Formulemos umas poucas:

— Quando quero incutir nos meus filhos o dever de estudar e aproveitar o tempo, dou-lhes antes — e sempre — o exemplo pessoal de aproveitá-lo? (que não me vejam perder horas infinitas

---

(8) Josemaria Escrivá, *É Cristo que passa*, 5ª ed., Quadrante, São Paulo, 2018, n. 28.

diante da televisão, ou em navegações inúteis na internet, ou dormindo fora de horas).

— Quando exijo ordem nas roupas, prateleiras, armários e horários, esforço-me primeiro por ser eu mesmo mais ordenado nos meus papéis, contas bancárias e cartões, prazos, livros e gavetas, roupas, etc., e na distribuição do meu tempo?

— Se incentivo os filhos a serem generosos e respeitosos para com os outros, começo dando eu exemplo de generosidade para com eles e para com todas as pessoas que precisam do meu tempo ou da minha ajuda material ou espiritual; e, se lhes peço respeito, adianto-me antes a respeitá-los (e nunca os humilho com as minhas «broncas», nem os ridicularizo, nem os rebaixo com comparações e censuras acachapantes)? Eles, além disso, veem-me tratar com deferência todas as pessoas, de qualquer nível e condição social, sem discriminações?

— Quando os incentivo a praticar a religião, a ser bons cristãos, por acaso eles contemplam em mim uma religiosidade sincera, quer porque lhes peço o que habitualmente já pratico (não só ocasionalmente e com as desculpas — que eles não engolem — de que sou um adulto ocupado e não tenho tempo); quer porque a minha religiosidade não consiste apenas numas práticas formais, mas consta de práticas vivas (oração, confissão, Missa e comunhão frequente, leituras formativas...), das quais se nota — eles notam — que tiro luzes e forças para o dia a dia, e se percebe que é precisamente da minha religiosidade sincera que nascem uma maior alegria, mais paciência, boa disposição e carinho mais delicado para com todos?

É muito certa a comparação que se faz no *Diretório de pastoral familiar*, antes citado: «Os caminhos educacionais são semelhantes às trilhas nas florestas: não bastam os sinais indicadores; é preciso um guia que vá à frente e mostre, com a sua experiência, as passagens mais seguras, os lugares menos perigosos, as picadas mais diretas. Da mesma forma, a alegria, a paz e todos os valores de um lar têm de encontrar a sua fonte na vivência dos próprios pais»[9].

TAMBÉM HÁ LOBOS E MERCENÁRIOS

A parábola do Bom Pastor fala, por contraste, do mercenário: *O mercenário, que não é pastor, a quem não pertencem as ovelhas, quando vê que o lobo vem vindo, abandona as ovelhas e foge; e o lobo rouba e dispersa as ovelhas* (Jo 10, 12).

Cristo lembra-nos que, ao lado dos bons pastores, existem os mercenários que fogem dos lobos. Seria muito penoso que os pais, os pastores de almas e

---

(9) *Diretório de pastoral familiar*, obra citada, pág. 102.

os educadores encarnassem a figura covarde do mercenário que se omite, que foge de enfrentar os problemas difíceis das crianças, adolescentes e jovens e os abandona à mercê dos lobos.

Mas mais penoso ainda seria que encarnassem a figura do lobo. E fariam isso, infelizmente, os que, chamados por Deus para serem pastores, em vez de edificar, destruíssem com os seus maus exemplos.

Podem ser chamados de lobos — por dura que pareça a expressão — os pais e educadores que, com as suas próprias mãos, isto é, com os seus maus conselhos e piores exemplos, empurram os filhos e educandos para a desorientação, o erro, a má conduta, a confusão religiosa, espiritual e moral.

Fazem isso, sem dúvida, os que se gabam, diante dos filhos ou dos alunos, de desprezar a religião e a Igreja, e não se cansam de expelir sarcasmos contra a fé e a moral «tradicional»; os que exibem exemplos de mau comportamento pessoal, ou de falta de escrúpulos nos negócios, ou, então, péssimos exemplos de infidelidade, justificada em nome dos direitos do egoísmo (de um egoísmo mais forte que o amor conjugal e o carinho pelos filhos, um egoísmo que não hesita em provocar separações traumáticas com a única mira de buscar a «felicidade» pessoal ao preço da infelicidade da família). Esse tipo de «exemplo» diabólico tem o nome de «escândalo».

Parecido com esse é o mal provocado por um lobo aparentemente mais manso; chame-o de raposa, se quiser. Refiro-me ao mau exemplo que muitas mães dão às filhas em matéria de moda, de compras descontroladas, de dependência viciada das telenovelas e bingos e, em geral, de futilidade e frivolidade mundana. Dirão que não é nada, que são bobagens. Também era nada, aparentemente, a «vovozinha» de Chapeuzinho vermelho, coitada, mas tinha dentes grandes e afiados, prontos para matar.

Creio que faria muito bem a essas mães «inconscientes» pegar num bom catecismo, e recordar, em relação à moda, um ponto fundamental da doutrina cristã sobre o nono mandamento da Lei de Deus: «A pureza de pensamento e de coração exige o pudor, que preserva a intimidade da pessoa. Jesus disse que o homem que olhar para uma mulher, desejando-a, já pecou com ela no seu coração. Por isso, a mulher tem o dever de cooperar com esse preceito vestindo-se com pudor e modéstia, sem pretextos de arte, moda e beleza»[10].

Tudo isso é pecado de «escândalo» (provocar ou induzir os outros a pecar), e, quando se trata de gente ainda imatura, não se pode esquecer o que Cristo disse sobre esse mal: *Se alguém fizer cair em pecado um destes pequenos que creem em mim, melhor fora que lhe*

---

(10) Enrique Pèlach, *Catecismo breve*, 3ª ed., Quadrante, São Paulo, 2016, n. 301, e *Catecismo da Igreja Católica*, ns. 2521 a 2527.

atassem no pescoço uma mó de moinho e o lançassem ao fundo do mar. Ai do mundo por causa dos escândalos! São inevitáveis, mas ai do homem que os causa! (Mt 18, 6-7). O *Catecismo da Igreja Católica*, ao recordar este ensinamento de Jesus, frisa especialmente que «o escândalo é grave quando é dado por aqueles que, por natureza ou por função, devem ensinar e educar os outros» (n. 2285).

Mas, ao lado do escândalo, que transforma pais e educadores em lobos depredadores, há uma outra atitude que também causa muito dano: é a dos pais e educadores que, sem dar maus exemplos nem maus conselhos, simplesmente se omitem e fogem, como o mercenário, amedrontados e sem ação perante as dificuldades que o ambiente opõe à educação dos adolescentes e jovens nos nossos dias: *quando vê que o lobo vem vindo, abandona as ovelhas e foge.*

Essas omissões e fugas, na linguagem clássica cristã, denominam-se «respeitos humanos». «Respeitos humanos» que consistem no receio, na vergonha de sermos considerados diferentes da maioria; no pavor de «chocarmos com o ambiente» e de que nos julguem atrasados, ridículos, carolas ou defasados em relação à evolução dos tempos, e insensíveis aos progressos dos costumes e da modernidade.

Não podemos deixar de cumprir o dever de ensinar o que é certo (indo na frente com o nosso exemplo), de alertar nitidamente — dando também nós o exemplo — sobre o que está errado (mesmo que quase todo o mundo o julgue normal), de não autorizar — com carinho, mas com firmeza — diversões, viagens em grupo, espetáculos, baladas, modos de namorar..., que são ofensas a Deus (mesmo que passemos por intransigentes obsoletos); de ensinar e exigir com carinho a disciplina de horários e tarefas, necessária para que os filhos e os alunos não caiam numa vida desregrada...

A luta não é fácil. Precisa ser travada com coragem e confiança em Deus. E com a pureza de quem age sob o olhar de Deus e não buscando a aprovação dos homens. Não nos esqueçamos de que hoje não há outro remédio senão enfrentar a pressão consumista e hedonista que domina a sociedade, e que ceder a caprichos e abusos, por medo de que «os outros» critiquem ou zombem, só faz mal aos filhos, e pode destruir-lhes o caráter e a alma. O pastor não pode fugir.

Vale a pena pensar em todas estas coisas que — como dizíamos — são como um primeiro exame, uma análise prévia, antes de entrarmos mais a fundo na consideração das raízes, dos alicerces profundos do exemplo. Mas, além de fazermos os exames de consciência acima sugeridos, será bom levantar o coração a Deus, e animar-nos com estas palavras de um grande e santo educador: «Com a tua conduta..., mostra às pessoas a diferença que há entre viver triste e viver alegre; entre sentir-se tímido e sentir-se audaz; entre agir com cautela, com duplicidade — com hipocrisia! —, e agir como homem simples e de uma só peça. — Numa palavra, entre ser mundano e ser filho de Deus»[11].

---

(11) Josemaria Escrivá, *Sulco*, n. 306.

AS «FORÇAS» DO EXEMPLO

A primeira parte destas considerações, como acabamos de recordar, foi um convite para o exame de consciência, especialmente para a análise das falhas e omissões que se possam dar no campo do dever de dar exemplo aos filhos e, em geral, à juventude que devemos orientar.

Esta segunda parte quer ser outro tipo de apelo à responsabilidade de pais e educadores, uma batida na porta da consciência, da inteligência e da vontade de muitos cristãos que têm boas intenções e bom coração, mas que não conseguem dar exemplo eficaz e se sentem fracassados (com razão!). Procuraremos ver que esse fracasso acontece quase sempre porque lhes falta o *brilho* da luz, o *sabor* do sal e a *força* do fermento.

Por isso, o exemplo que desejariam dar tem a fraqueza de um remédio «vencido», que já não possui a virtude do princípio ativo que deveria fortalecer ou curar.

E, quais são essas «forças»? Vou resumi-las em duas, inspirando-me na expressão utilizada por João Paulo II numa famosa encíclica: o *esplendor da verdade* e o *esplendor da virtude*. A cada um desses dois «esplendores» dedicaremos um item especial: mais amplo ao primeiro, mais breve ao segundo.

Parece-me necessário incluir, nestes pontos, algumas digressões doutrinais relativamente extensas, que não creio que nos afastem do tema, pois, pelo contrário, podem levar-nos a enxergar melhor e superar a miopia. Pense que, na raiz dos nossos comportamentos e atitudes, estão sempre convicções, ideias, filosofias de vida, influências nem sempre conscientes de certos modos de pensar. Por isso, julgo que não perderemos o tempo dedicando algumas reflexões a ideias (e a ideologias) que são de uma candente atualidade e que influenciam muito a juventude.

O esplendor da verdade

NÉVOAS QUE MATAM

Começarei lembrando um episódio real. Há alguns, anos encontrava-me numa reunião de trabalho em Roma, quando uma manhã recebemos uma notícia chocante. Um acidente causara a morte de um excelente colega, um sacerdote inglês chamado Philip.

Estando na Irlanda, durante uns dias de formação mais intensa — a formação permanente de que todos os padres precisam —, *father* Philip aproveitou um intervalo de descanso para dar, com um companheiro de curso, um passeio pelo campo contíguo à casa, um pasto verde, ondulado, típico das terras da Irlanda. Inopinadamente, baixou uma névoa, que se foi adensando, de modo que os dois colegas mal conseguiam ver-se, embora continuassem a conversar.

Devagar, confiando no terreno conhecido, foram dando a volta para regressar. Num dado momento, porém, o colega percebeu que *father* Philip não respondia. Estranhou, chamou por ele várias vezes. Silêncio. Correu o mais que pôde, naquela escuridão, para pedir ajuda, e acabaram por encontrá-lo. Escorregara, sem perceber, e despencara num barranco escarpado, que a névoa lhe ocultou. Acharam-no morto. Deus sabia que era a hora de tomá-lo para sempre em seus braços.

Lembrei-me do bom *father* Philip, pensando que, se a neblina já causou muitas mortes físicas, causa ainda mais mortes espirituais.

O mundo atual anda confuso, já o recordávamos na primeira parte. A verdade e os valores estão ocultos aos olhos de muitos, como se uma forte cerração os envolvesse. Tudo parece difuso, impreciso, discutível, sem contornos claros, na gangorra da dúvida. Há verdades mutiladas que andam de braço dado com erros (meio cristianismo, meio espiritismo, meio esoterismo, meio hinduísmo, meio ateísmo). Há valores morais transtornados, que deixam esbatidas e cada vez menos perceptíveis as fronteiras entre o bem e o mal. Ainda é um valor a família? E o casamento? E a fidelidade? E que dizer da ética nos negócios e na política? E — no terreno religioso — continuam válidas a Missa e a confissão? Porventura o catecismo não está ultrapassado quando declara que «o pecado carnal contra a natureza brada aos céus»?

Ao constatar, entre os jovens estudantes, essas confusões que grassam no terreno adubado da ignorância religiosa e dos erros morais predominantes, muitas vezes me ocorre dizer-lhes, de maneira gráfica, que não se pode viver com «uma nuvem na cabeça». Não é possível ter bom rumo na vida com neblina em vez de ideias. Quem é que consegue avançar pelo caminho da vida sem referenciais claros sobre o que é verdadeiro e o que é falso, o que é certo e o que é errado?

Mas a verdade é que a fonte do mal, responsável por essas nuvens nas cabeças juvenis ainda não formadas, são as nuvens instaladas no pensamento e na sensibilidade dos que deveriam formá-los. Aquele meu colega, por causa da névoa, despencou sozinho num barranco mortal. Os pais, os educadores e os pastores de almas desorientados, impregnados de equívocos e lacunas, nunca vão despencar sozinhos: arrastarão atrás de si filhos, alunos, fiéis cristãos que Deus lhes confiou.

É muito importante, portanto, que, abandonando qualquer leviandade mental, tomemos consciência de que, tal como forem as nossas ideias, assim serão as orientações que dermos. Faz-nos uma falta tremenda possuir verdades-luz, ideias-mestras, convicções assumidas e arraigadas na vida, porque delas — ainda que não nos apercebamos disso — brota espontaneamente o exemplo, ou seja, tudo aquilo que, positiva ou negativamente, irradia com a força do exemplo: o que dizemos, o que fazemos, o nosso modo de reagir perante fatos, notícias, artigos de jornal, ideias novas; o que aconselhamos aos filhos sobre os seus problemas, o que nos guia nas crises familiares... E é também das nossas convicções que brota o que louvamos, o que escolhemos, o que nunca largamos porque o julgamos prioritário, e aquilo que descuidamos sem remorso, porque não achamos que tenha importância. *Tudo isso se traduz diariamente* — através de cada gesto, expressão do rosto, trejeito, comentário, atitude, irritação ou alegria — *em bom ou mau exemplo*. Convençamo-nos, pois, de que o bom exemplo está vinculado, muito mais do que imaginamos, ao fato de que o *esplendor da verdade* ilumine a nossa mente e o nosso coração. Quem não for capaz de enxergar isso, além de se enganar redondamente, desertou da sua responsabilidade de educador.

REFLETIR A VERDADE SOBRE DEUS

Comecemos por abrir o Evangelho e focalizar uma mulher perdida no nevoeiro da vida: a samaritana (Jo 4, 1 e segs.). Jesus vê-a chegar ao poço de Jacó, junto do qual ele se sentara num meio-dia tórrido. Fatigado pelo caminho e sedento, pede-lhe de beber e ela recusa.

A cena é tão rica de detalhes e sugestões, que já deu assunto para livros inteiros. Aqui apenas focalizaremos uns retalhos da conversa. O Evangelho mostra-nos a samaritana como uma mulher vivida — nada a deteve na procura da felicidade (*Cinco maridos tiveste, e o que agora tens não é teu*, disse-lhe Jesus) —, apresenta-a como uma pessoa amargurada e frustrada que, minada pelo vazio interior, começa a abrir uma frestinha da alma à esperança que Jesus lhe oferece: — *Se conhecesses o dom de Deus e quem é que te diz «dá-me de beber», tu lhe pedirias e ele te daria água viva [...]. Quem beber da água que eu lhe darei, nunca mais terá sede...*

Pouco a pouco, com afeto e paciência, Jesus vai descerrando os ferrolhos que trancavam aquela pobre alma, e ajuda-a a perceber que, no fundo, tinha uma infinita necessidade de Deus. *Se conhecesses o dom de Deus...!* — assim começara a falar-lhe Jesus; depois, acrescentará: *Vós* [os samaritanos] *adorais o que não conheceis*; e acabará, enfim, rasgando diante dela o horizonte maravilhoso das almas que *conhecem* a Deus e, por isso, se tornam *verdadeiros adoradores*, que mudam de vida, que servem a Deus *em espírito e em verdade*. Profundamente emocionada, feliz, a mulher corre a comunicar a sua alegre descoberta aos parentes e vizinhos. Contagiados pelo seu entusiasmo, *muitos samaritanos daquela cidade* — diz o Evangelho — *acreditaram em Jesus.*

Se nós soubéssemos escutar, perceberíamos, também agora, que Cristo continua a dizer-nos: — *Se conhecesses o dom de Deus!* E experimentaríamos um estremecimento na alma ao ouvir de novo o som irresistível destas suas palavras: — *Eu sou a verdade* (Jo 14, 6). — *Eu sou a luz do mundo; aquele que me segue não andará em trevas, mas terá a luz da vida* (Jo 8, 12).

Nós, os cristãos, os católicos, desde que fomos iniciados na fé, infundida por Deus na nossa alma já com o Batismo, confessamos que Jesus é o Verbo divino, a segunda pessoa da Santíssima Trindade, que *se fez carne e habitou entre nós* (Jo 1, 14); e a cada Natal recordamos comovidos este mistério; da mesma forma que, na Semana Santa, revivemos o amor ilimitado que levou Deus feito homem a morrer na Cruz por nós. Quando rezamos as invocações tradicionais diante do Santíssimo Sacramento exposto, dizemos: «Bendito seja Jesus Cristo, verdadeiro Deus e verdadeiro homem». E, assim, sabendo, como sabemos, que Ele é Deus e, portanto, que Ele é a Verdade, somos impelidos a cultivar ânsias de conhecer essa Verdade, a única que esclarece e salva.

Se tivéssemos fé, morreríamos de pena se Cristo viesse em pessoa ao nosso encontro e nos repetisse o que disse a Filipe na Última Ceia: *Há tanto tempo que estou convosco e ainda não me conheces?* (Jo 14, 9)? Não haveríamos de reconhecer que tem toda a razão?

É justamente este nosso desconhecimento, esta nossa ignorância, o que nos torna incapazes de projetar sobre os outros a luz de Cristo e de guiá-los por ela. E assim ficamos sendo *cegos que guiam outros cegos* (Mt 15, 14). Quer que os seus filhos se queixem disso, no dia do Juízo?

Procurar o rosto de Cristo

Constatando essas deficiências, tão generalizadas entre os católicos atuais, tão lamentáveis nas famílias e nas escolas, compreende-se bem que o Papa João Paulo II colocasse, como eixo do programa da Igreja para o terceiro milênio, «procurar o rosto de Cristo»[1], pois

---

(1) João Paulo II, Carta apostólica *No início do novo milênio*, de 06.01.2001, n. 16. Ver também a Carta apostólica *O Rosário da Virgem Maria*, de 16.10.2002,

esse é o ponto de partida de qualquer esperança de melhora do homem e da sociedade.

Certamente — escrevia o Papa ao começar o milênio — não nos move a esperança ingênua de que possa haver uma fórmula mágica para os grandes desafios do nosso tempo; não será uma fórmula que nos há de salvar, mas uma pessoa e a certeza que nos infunde: *Eu estarei convosco!*

Sendo assim, não se trata de inventar um programa novo. O programa já existe: é o mesmo de sempre, expresso no Evangelho e na Tradição viva. Concentra-se, em última análise, no próprio Cristo, a quem temos de *conhecer, amar e imitar*[2].

---

ns. 3, 9 e segs.; a Encíclica *Sobre a Eucaristia*, de 17.04.2003, n. 6; e a Carta apostólica *Mane nobiscum, Domine*, de 07.10.2004 sobre o Ano da Eucaristia, ns. 6 a 10.

(2) Carta apostólica *No início do novo milênio*, n. 29.

Como consegui-lo? Empenhando-nos na melhora efetiva da nossa formação cristã, o que significa não ficarmos em meros desejos, mas tomar decisões práticas de nos dedicarmos *diariamente*, com constância «profissional», à leitura e meditação do Evangelho (de todo o Novo Testamento), gastando nisso pelo menos cinco minutos por dia, até nos familiarizarmos com ele, «entrando» na vida de Jesus e dos Apóstolos. Também significa tomar a decisão de fixar horários diários e semanais para outras leituras pausadas — lendo, relendo, estudando, anotando — de livros do Antigo Testamento, de obras sólidas de doutrina católica e de espiritualidade.

A seguir — e sem a menor pretensão de indicar uma lista completa —, sugiro alguns títulos de obras sobre doutrina católica, que se têm demonstrado muito úteis para uma formação básica completa de pais, pastores de almas e educadores, bons instrumentos para aprender e ensinar:

— Em primeiro lugar, ainda que seja como um «curso superior» de alto nível, o *Catecismo da Igreja Católica*, edição Típica Vaticana, Ed. Vozes e Loyola, 1999. É uma obra imprescindível em todo o lar cristão, para resolver dúvidas e esclarecer ideias (possui, no final, um índice de matérias excelente) e para um estudo mais elevado das questões relacionadas com a fé e a moral católicas.

— O *Compêndio do Catecismo da Igreja Católica*, promulgado pelo Papa Bento XVI em 28 de junho de 2005, e recomendado por ele com estas palavras: «O Compêndio, que agora apresento a toda a Igreja, é uma síntese fiel e segura do *Catecismo da Igreja Católica*. Contém de forma concisa todos os elementos essenciais e fundamentais da fé da Igreja, constituindo, como tinha desejado meu predecessor [João Paulo II], uma espécie de *vademecum*, que dá a possibilidade às pessoas, crentes e não-crentes, de abarcarem numa visão de conjunto o panorama inteiro da fé católica». A edição brasileira foi lançada pela CNBB e Ed. Loyola em julho de 2005.

— Enrique Pèlach: *Catecismo breve*, 3ª ed.; Quadrante, São Paulo, 2016.

— Leo Trese: *A fé explicada*, 14ª edição, Quadrante, São Paulo, 2014, livro de teologia para leigos muito completo — talvez o melhor existente no seu gênero —, acessível a todos e altamente recomendável, quer para a formação pessoal, quer para a preparação de aulas e palestras de doutrina.

— Ricardo Sada, Alfonso Monroy e outros autores: os três volumes dos Cursos de *Teologia Dogmática, Teologia Moral, Sacramentos*, Ed. Rei dos Livros, Lisboa, 1989, também acessíveis a todos, dotados de excelente linguagem pedagógica, e muito úteis para o estudo e o ensino da doutrina católica.

— J. Pérez de Urbel: *A vida de Cristo*, Quadrante, 3ª ed., São Paulo 2000;

uma leitura amena, que compararia à chave para abrir a porta da compreensão dos Evangelhos. Como é importante conhecer o exemplo e os ensinamentos de Cristo, com o auxílio de historiadores e comentaristas de alto nível e boa didática, como é o caso desse autor! «Cristo, o Filho de Deus feito homem — diz o *Catecismo da Igreja Católica* (n. 65) —, é a Palavra única, perfeita e insuperável do Pai. Nele o Pai disse tudo, e não haverá outra palavra senão esta».

Naturalmente, esta lista, com os anos, precisará de ser completada e atualizada.

«IRRADIAR O CONHECIMENTO
DO ESPLENDOR DE DEUS»

Sobre os frutos de uma fé esclarecida, há umas palavras belíssimas de São Paulo: *Deus que disse: «Das trevas brilhe a luz», é também aquele que fez brilhar a luz em nossos corações, para que irradiássemos o conhecimento do esplendor de Deus, que se reflete na face de Cristo* (2 Cor 4, 6).

Permita-me repisar esta grande verdade: a fé viva, convicta, *é o sangue nas veias do exemplo*. Sem assimilar o «esplendor de Deus», sem absorver a fundo as grandezas e as luzes da fé «que se refletem na face de Cristo», será inútil tentar atrair os filhos, alunos, orientandos, com palavras e conselhos. Eles perceberão que o nosso exemplo é um fantoche vazio e que, por isso, as nossas palavras são ocas.

Por que é que hoje, mais do que nunca, o nosso exemplo precisa ter alicerces muito fortes de doutrina?

Em primeiro lugar, porque, hoje, o escuro é mais escuro do que nunca. A virulência das ideias, valores, critérios de vida e condutas não-cristãs e até mesmo anticristãs é, atualmente, mais poderosa e envolvente do que jamais o foi ao longo de dois mil anos de cristianismo.

Creio que, nos nossos dias, é mais válida do que nunca a imagem simbólica de

Santa Catarina de Sena, a donzela frágil e forte, toda chama de amor e coragem, que iluminou a Igreja no século XIV. No seu célebre livro *O Diálogo*, compara o mundo «dos mundanos», dos que vivem afastados de Cristo (o «mundo» que hoje encontramos em todos os cantos), a um rio poluído, mas que atrai fortemente. Os que estão mergulhados nele chamam — vociferando, esbaldando-se e cantando — os outros; e estes acabam por atirar-se às águas, como que atraídos por um ímã maligno, e se deixam arrastar pela correnteza, crendo que aí acharão a alegria de viver. Todos acabam afogados na imundície e perdidos para sempre. Só uma ponte permite atravessar o rio e salvar-se: Cristo, o «pontífice», o fazedor da única ponte que leva da terra para o Céu: — *Eu sou o caminho, a verdade e a vida* (Jo 14, 6).

Não aduzi essa imagem gratuitamente. Não podemos esquecer que, até faz apenas uns quarenta anos, os valores cristãos iluminavam, com naturalidade, o pensamento dos católicos e das sociedades de maioria cristã. Grande parte das pessoas, evidentemente, não eram santas, *mas tinham as ideias claras*, sabiam o que as salvava e as perdia. A «cultura cristã» penetrava nelas como que por osmose e, ainda que não seja o ideal ser um «cristão osmótico», isso oferecia-lhes, no entanto, um salva-vidas na hora da crise. Nos momentos dramáticos e sofridos da vida, aquelas verdades do catecismo, aprendidas em quase toda a escola pública ou privada (naquele tempo em que eram raros os pais católicos — e sobretudo as mães — sem noção dos valores, e os «professores de religião» semeadores de descrença e erros); nessa hora da crise, dizia, as verdades respiradas «no ar», guardadas e enraizadas inconscientemente no fundo do coração, emergiam, como passarelas de acesso à ponte de Cristo, que permitiam aos extraviados sair facilmente dos podres do rio e atravessá-lo até as alturas da verdade e do bem.

Hoje isso não se dá. Com isso não se pode contar. A situação atual é exatamente a contrária, tal como a descrevia o cardeal Ratzinger, em 18 de abril de 2005, na homilia da Missa inaugural do Conclave que iria elegê-lo como Papa. Citando e comentando um texto de São Paulo, que acabava de ser lido nessa Missa, dizia:

> Em que consiste ser crianças [imaturas] na fé? Responde São Paulo: significa ser *batidos pelas ondas e levados ao sabor de qualquer vento de doutrina*... (Ef 4, 14). Uma descrição muito atual. Quantos ventos de doutrina conhecemos nestes últimos decênios, quantas correntes ideológicas, quantos modos de pensamento... A pequena barca do pensamento de muitos cristãos foi não raro agitada por estas ondas — lançada dum extremo ao outro: do marxismo ao liberalismo, até ao ponto de chegar à libertinagem; do coletivismo ao individualismo radical;

do ateísmo a um vago misticismo religioso; do agnosticismo ao sincretismo e por aí adiante.

Todos os dias nascem novas seitas e cumpre-se assim o que São Paulo disse sobre o engano dos homens, sobre a astúcia que tende a induzir ao erro (cf. Ef 4, 14). Ter uma fé clara, segundo o Credo da Igreja, é frequentemente catalogado como fundamentalismo, ao passo que o relativismo, isto é, o deixar-se levar *ao sabor de qualquer vento de doutrina*, aparece como a única atitude à altura dos tempos atuais. Vai-se constituindo uma ditadura do relativismo que não reconhece nada como definitivo e que usa como critério último apenas o próprio «eu» e os seus apetites.

Nós, pelo contrário, temos um outro critério: o Filho de Deus, o verdadeiro homem. É Ele a medida do verdadeiro humanismo. Não é «adulta» uma fé que segue as ondas da moda e a última novidade; adulta e madura é antes uma fé profundamente enraizada na amizade com Cristo. É essa amizade que se abre a tudo aquilo que é bom e que nos dá o critério para discernir entre o que é verdadeiro e o que é falso, entre engano e verdade.

Esse é, sem dúvida, motivo suficiente para que todos — pais, mestres e pastores de almas — se empenhem, com viva responsabilidade, para que a *luz* da doutrina — a doutrina cristã por eles assimilada — brilhe nos lábios deles com uma claridade nítida, porque a conhecem e amam; e brilhe através de um exemplo tão coerente com a doutrina, que seja capaz de contrabalançar e expelir para fora da vida dos jovens a agressividade das trevas do ambiente. Creio que é aplicável a todos os que têm uma responsabilidade especial de dar exemplo aquilo que São João Maria Vianney, o Cura d'Ars, dizia aos sacerdotes: — «Dai-me um padre santo, e tereis um povo bom. Dai-me um padre bom, e tereis um povo morno. Dai-me um padre morno, e tereis um povo mau». Onde diz «padre», ponha «pai», «mãe», «mestre»... E onde diz «povo», ponha «filho», «aluno», «orientando»...

Vamos fazer um pouco de exame. Permita-me o leitor pegar num espelho, colocá-lo bem na sua frente, e pedir-lhe que se mire nele e seja sincero, mais uma vez, respondendo intimamente às perguntas que faço a seguir. São apenas umas poucas entre mil, mas todas manifestam reflexos vivos da presença ou ausência de doutrina e convicções nos pais.

Olhando-nos no espelho de Deus

— Jesus diz: *Que adianta alguém ganhar o mundo inteiro, se perde a sua alma?* (Mt 16, 26). Os seus filhos, que veem os pais tão preocupados em que «ganhem o mundo inteiro», ou seja, em que tenham sucesso profissional e social, sentem em vocês, pais, uma preocupação no mínimo igual pelas almas deles? «Sentem» que os pais sofrem mais se os veem cair em pecado mortal, se os veem fracassar na fidelidade matrimonial, do que se os veem falhar no vestibular, num concurso público ou num negócio?

— Jesus diz: *Vinde, benditos de meu Pai!... Pois eu estava com fome e me destes de comer; estava com sede e me destes de beber [...]. Todas as vezes que fizestes isso a um destes mais pequenos, que são meus irmãos, foi a mim que o fizestes!* [...]. E, em contrapartida: *Afastai-vos de mim, malditos!* [...] *Pois eu estava com fome, e não me destes de comer...* etc. *Todas as vezes que não fizestes isso a um desses mais pequenos, foi a mim que o deixastes de fazer!* (Mt 25, 34-45).

Pais, será que, neste mundo interesseiro e ferozmente competitivo — ambicioso e invejoso —, vocês ensinam os seus filhos a não ser egoístas, a sentir e praticar a solidariedade cristã com os outros, especialmente os mais necessitados? Ensinam-lhes que vale mil vezes mais participar de uma iniciativa semanal de voluntariado do que todas as «baladas» do mundo? Ensinam-lhes que é mil vezes mais maravilhoso dedicar um feriado longo a um projeto social entre os pobres, os deficientes, os doentes, os anciãos abandonados, que passar esse feriado amontoados com outros vinte rapazes e moças numa casa de praia, entre bafos de álcool, maconha, cocaína e promiscuidade sexual?... Mas, será que vocês, pais, têm moral para ensinar? Será que dão exemplo? Os filhos veem, porventura, em vocês essa generosidade e esse desprendimento?

— A nossa fé católica diz-nos, como um claro reflexo do mistério da Última Ceia e da Paixão, Morte e Ressurreição de Cristo: «A Missa torna presente o sacrifício da Cruz [...], de modo que o único e definitivo sacrifício redentor de Cristo se atualiza incessantemente no tempo [...]. Este sacrifício é tão decisivo para a salvação do gênero humano, que Jesus Cristo o realizou e só voltou ao Pai depois de nos ter deixado o meio para dele participarmos como se tivéssemos estado presentes»[3].

A pergunta, agora, é: — Os filhos «percebem» que os pais têm consciência da grandeza sublime da Missa, de que cada Missa (por cima das circunstâncias periféricas, como o jeito do padre, o interesse ou tédio da homilia, a beleza ou cacofonia dos cânticos...) é a presença do máximo ato de amor de Deus por nós, o ápice do amor, o cume da entrega de Jesus Cristo aos homens? Veem nos pais uma fé e um amor à Missa e, em geral, à Eucaristia, que arrepia a pele da alma? Ou só os enxergam como cumpridores mais ou menos formalistas de um rito tradicional, ao qual

---

(3) João Paulo II, Encíclica *Ecclesia de Eucharistia*, 17.04.2003, ns. 11, 12 e 16.

acodem friamente, cheios de críticas sobre as falhas da Igreja e do padre na celebração?

— O Papa Bento XVI, ao encerrar, no dia 29 de maio de 2005, em Bari, o Congresso Eucarístico Nacional Italiano, evocou um episódio comovente dos primeiros séculos do cristianismo: o dos mártires de Abitene, no norte da África. No ano de 304, o imperador romano Diocleciano proibiu aos cristãos, sob pena de morte, entre outras muitas coisas, reunir-se aos domingos para celebrar a Eucaristia. Em Abitene, foram detidos num só domingo 49 cristãos que, reunidos na casa de um certo Otávio Félix, celebravam a Eucaristia. Julgados em Cartago e condenados a torturas atrozes e à morte, quando os juízes lhes perguntaram por que se expuseram a esses castigos, desobedecendo ao imperador, responderam singelamente: *Sine dominico, non possumus!* Sem o domingo, não podemos viver!

Volto-me de novo para os pais. Será que os filhos veem em vocês essa fidelidade ao «dia do Senhor»[4], esse sentido profundo da grandeza do domingo, do dia dedicado a Deus, sobretudo pela participação comunitária na Missa? Ou percebem que qualquer desculpa (simples máscara da preguiça) serve para descumprir o preceito da Missa dominical? Se os pais têm dez desculpas, os filhos se sentirão justificados para terem cem.

— O *Catecismo da Igreja Católica*, reafirmando o ensinamento multissecular da Igreja, diz: «A confissão individual e íntegra e a absolvição constituem o único modo ordinário pelo qual o fiel, consciente de pecado grave, se reconcilia com Deus e com a Igreja [...]. O fiel tem obrigação de confessar, na sua espécie e número, todos os pecados graves de que se lembrar

---

(4) Ver João Paulo II, Carta apostólica *Dies Domini*, sobre a santificação do domingo, de 31.05.1998.

após diligente exame de consciência, cometidos depois do Batismo e ainda não diretamente acusados em confissão individual»[5].

Pais, vocês podem dizer que os filhos os veem amar e praticar frequentemente esse sacramento da Reconciliação, que nos oferece a maravilha inefável de um Deus misericordioso que perdoa? Eles «sentem» que vocês são delicados e não vão comungar sem confessar-se, depois de uma briga ofensiva, ou de um ostensivo abuso de bebida, ou de uma crítica cruel a uma pessoa ausente? Detectam em vocês mudanças (para melhor) depois de cada uma das suas confissões?

— O mesmo *Catecismo da Igreja Católica* lembra um dever óbvio e gravíssimo dos pais: «Os pais são os primeiros responsáveis pela educação de seus filhos [...]. Pela graça do sacramento

---

(5) *Catecismo da Igreja Católica*, n. 1456, e *Código de Direito Canônico*, câns. 960 e 988.

do matrimônio, receberam a responsabilidade e o privilégio de evangelizar os filhos. Por isso, os iniciarão desde tenra idade nos mistérios da fé [...]. A catequese familiar precede, acompanha e enriquece outras formas de ensinamento da fé [...]. Os pais têm o dever de escolher as escolas que melhor possam ajudá-los em sua tarefa de educadores cristãos» (ns. 2223-2229).

Que vamos dizer a isso? Você, leitor que tem filhos, sente-se tranquilo? O que o *Catecismo* diz é um retrato da sua dedicação responsável à formação cristã dos filhos? Pense e responda a Deus. Eu só quero acrescentar que é uma incoerência que pais católicos fervorosos, que dispõem de meios financeiros, escolham, dentre vários colégios de nível equivalente, aquele que socialmente é julgado «melhor» ou está na «moda», mesmo sabendo que ali se confundem e pervertem as consciências dos alunos com ideias errôneas, e não raramente (mesmo em centros de ensino médio e superior «católicos») se consegue a façanha de que boa parte dos alunos saia dali tendo perdido a fé. Não hesito em afirmar que os pais que, por vaidade social, colocam os filhos em colégios de moda que lhes prejudicam a alma, terão de prestar contas muito estritas a Deus.

O questionário poderia prolongar-se. Que diriam, por exemplo, se agora o Senhor lhes perguntasse o que fizeram para criar no lar — com as suas iniciativas, as suas devoções familiares, o seu exemplo — um clima intenso, inteligente, cálido, cheio de amor e devoção, que fomente a receptividade e o interesse dos seus filhos pela formação cristã: preparando e celebrando bem o Natal; preparando e celebrando a Semana Santa e a Páscoa; vivendo a devoção a Maria no mês de maio — recitando, por exemplo, o terço em família — e a Novena da Imaculada? O que fizeram para lembrar com carinho, nas suas orações, os já falecidos, sempre presentes no lar? E para comemorar outras grandes datas do ano cristão...? E a bênção dos alimentos, é diária? E as imagens piedosas e artísticas — poucas, discretas —, que fazem entrar pelos olhos a lembrança de Jesus, de Maria, dos santos Anjos, dos nossos amigos os santos...? Talvez seja a hora de fazer um «congresso familiar», arregaçar as mangas e começar a acender em casa a lamparina da fé que acompanhe cada dia com umas poucas devoções constantes, e acompanhe os anos com práticas que façam reviver a vida de Cristo, ao ritmo do calendário litúrgico da Igreja[6].

Refletir a verdade sobre o homem

Se a verdade sobre Deus estiver obscurecida, ficará também encoberta a

---

(6) A respeito da formação moral religiosa dos filhos, pode-se ver também James B. Stenson, *Enquanto ainda é tempo...*, 2ª ed., Quadrante, São Paulo, 2016.

verdade sobre o homem. E é justamente sobre essa verdade que, na nossa sociedade paganizada, estão caindo as sombras mais daninhas. Não se trata de uma questão teórica. Se não soubermos ver com os olhos de Deus o que é o ser humano, os seus verdadeiros valores, o seu bem e o seu mal, o sentido da sua existência, não conseguiremos, nem sequer com a melhor das intenções, orientar — com a palavra e com o exemplo — os filhos, os alunos, os fiéis, de acordo com o esplendor da verdade de Deus.

Qual é mesmo o sentido da vida humana? Quais são os valores que lhe dão autenticidade e grandeza? O que leva o homem a ser feliz, e o que o ilude com as miragens de satisfações efêmeras e traiçoeiras? O que constrói a personalidade de um filho de Deus e o que a destrói?

É importante insistir nestas questões, porque são decisivas. Da boa ou má orientação a respeito delas depende o futuro da juventude e da sociedade. Não é de estranhar, por isso, que João Paulo II se tenha empenhado, infatigavelmente, em dar doutrina clara, luzes de Deus sobre as questões morais em que mais se desorienta e claudica o católico atual, sujeito à vertigem dos erros que pretendem gritar mais forte que a verdade.

Hoje são colocados diariamente sobre um pedestal, glorificados pelo materialismo laicista e incentivados pela mídia, comportamentos que destroem a dignidade do homem e da mulher, criados à imagem de Deus; que aviltam a grandeza do amor, a do sexo, a do casamento e a família, a do caráter sagrado da vida e da morte... Hoje todos falam dessas questões, essencialmente éticas, e, portanto, todos têm que tomar uma posição — um juízo de valor — a respeito delas. Conforme for essa posição, assim será o que as pessoas «passam» para os filhos e, em geral, para a juventude....

É importante não nos enganarmos, fazendo de conta que tudo está bem conosco, e perguntarmo-nos a sério: — Qual é a luz, qual é o referencial — como um farol potente à beira-mar — ao qual me reporto para emitir um parecer correto sobre esses temas candentes? Basta pensar no aborto, na clonagem, na eliminação do feto anencefálico, na fecundação *in vitro*, nas pesquisas com células-tronco embrionárias, nas manipulações genéticas, no uso de métodos artificiais de «contracepção» (quase todos abortivos), e no divórcio, nas relações pré-matrimoniais, na «pílula do dia seguinte», etc.

Antes de prosseguir, já me parece ouvir algum leitor precipitado, a gritar: — Só pelo modo de levantar essas questões, dá para perceber que o senhor é «conservador» (insulto, hoje, o pior possível), incapaz de acompanhar a evolução da ciência e dos costumes.

Caso realmente alguém pense assim, vou limitar-me a fazer-lhe a pergunta básica de toda a filosofia e de toda a ciência: — *Por quê?*

Sim. Por que acha isso? Quais são os seus parâmetros para dizer que uma atitude é certa ou errada, autêntica ou superada? Por outras palavras: quem e o que define o bem e o mal, o certo e o errado? Com que critérios devem ser definidos o bem e o mal? Pais e educadores, será que não percebem a enorme importância disso? Desculpem-me, portanto, se me estendo na análise de alguns aspectos do pensamento atual, e se afirmo que quem não esclarecer honestamente esses temas nunca será um bom educador.

LIBERDADE E VERDADE

Sem meter-me agora em grandes filosofias, que ultrapassariam o escopo destas páginas, vou começar dizendo que só podem ser dadas *duas respostas* às perguntas que fizemos acima. Vou repeti-las: — Quem é que define o bem e o mal, o certo e o errado? Com que critérios o bem e o mal devem ser definidos?

Uma primeira resposta diz que o referencial, o oráculo sobre o bem e o mal, a agulha magnética da bússola do comportamento, é a *liberdade*. Costuma-se partir da base de que não há valores absolutos nem verdades permanentes. Deus, caso exista, estaria ausente, desinteressado do mundo e não contaria para nada, a não ser para inspirar ideais vagos de bondade e justiça. Por isso, cada qual teria de escolher livremente o que haja de considerar certo ou errado e agir de acordo com a sua opinião (chamada, erradamente, de *consciência* pessoal[7]).

Rejeitam-se quaisquer princípios ou normas morais objetivos, absolutos e universalmente válidos. Se alguém achar subjetivamente certo um comportamento e não for contra a lei vigente no país — não importa se a lei é justa ou injusta —, a sua conduta será boa e a consciência deverá ficar tranquila. A «norma moral», em todos os casos, será o resultado da «sincera» opinião pessoal e, sobretudo, do «consenso» das opiniões da maioria

---

(7) Cf. Francisco Faus, *A voz da consciência*, 3ª ed., Quadrante, São Paulo, 2017.

numa determinada época, simples *opiniões*, condicionadas a determinadas circunstâncias históricas. Poucos anos depois, a opinião poderá ser diferente. Mais adiante, a «norma» moral considerada correta poderá até ser a contrária.

Já se vê que essa moral de «consenso» (que é a moral típica dos *laicistas*) só tem como referenciais, por um lado, o acordo *social*, aquilo que é socialmente aceito, sendo que a sociedade permissiva tende a ser cada vez mais concessiva com o erro e o mal; por outro lado, a ideologia dominante na *mídia*, ou seja, aquilo que jornais, revistas, TV, etc., apregoam como comportamento «normal», moderno, avançado; e, em terceiro lugar, as decisões majoritárias dos órgãos *legislativos*.

Só um ingênuo desconhece que essas opiniões «majoritárias» quase sempre começam por ser *forjadas* pela ação aguerrida de grupos de pressão e *lobbies* econômicos de «minorias». Essa propaganda das «minorias», encampada por ONGs agressivas e órgãos poderosos da mídia, devidamente «engraxados» com subvenções nacionais e estrangeiras, influencia fortemente o pensamento de uma massa ingênua e intelectualmente «rasa», e acaba por pressionar política e economicamente os organismos legislativos do país.

Já reparou que uma moral de «consenso», como a que hoje se afirma ser a única válida, leva a verdadeiras aberrações: «casamento» homossexual, eliminação de fetos e até de crianças já nascidas com algum defeito, etc. Essa moral, sem afastar-se um milímetro da sua lógica intrínseca, pode achar, daqui por alguns anos — quando a sociedade tiver, como terá, predominância de velhos —, perfeitamente «moral» e «legal» matar crianças sadias de dois, três ou mais anos (sempre que a morte delas seja «doce» e não haja parentes que vão sofrer), para desmanche e transplante de órgãos e tecidos em velhos doentes que querem sobreviver à custa do infanticídio. Bastará para tanto que se forje um «consenso».

Pois bem, os pais que deixam os filhos entregues a todos os ventos sem rumo da liberdade, sem lhes terem dado noções para julgar a respeito da verdade e do bem, são cúmplices atuais ou potenciais dessas e de outras possíveis aberrações.

A essa filosofia de vida, que é a do *subjetivismo* e do *relativismo* moral, referia-se há pouco Bento XVI, falando precisamente da educação dos filhos no âmbito da família: «Um obstáculo particularmente insidioso na obra educativa é hoje a maciça presença em nossa sociedade e em nossa cultura desse tipo de *relativismo* que, ao não reconhecer nada como definitivo, só tem como medida última *o próprio eu com seus gostos* e que, sob a aparência da liberdade, se converte para cada um numa prisão, fazendo com que cada indivíduo se encontre fechado no seu próprio *eu*. Em um horizonte relativista assim não é possível uma autêntica educação. Sem a luz da verdade, antes ou depois todas as pessoas ficam condenadas a duvidar da bondade da sua própria vida e das relações que a constituem, da validade do seu compromisso para construir com os outros algo em comum»[8].

Com grande lucidez, Bento XVI mostra que o subjetivismo relativista, sem normas nem valores absolutos, fecha a pessoa no egoísmo, tornando-a prisioneira dos seus caprichos e prazeres, e, por isso mesmo, asfixiando-lhe a verdadeira liberdade e a capacidade de amar. A falsa liberdade, que faz de si mesma a lei (e à qual os egoístas chamam — como víamos — «a minha consciência»), é a que diz: «Quero porque quero» (porque me apetece e pronto); ao passo que verdadeira liberdade é a que diz: «Quero porque é bom, quero porque compreendi que é verdadeiro, quero porque agora sei que isso é o que a sabedoria e a bondade de Deus quer». Foi para isso, para achar a verdade e, dentro dela, o bem, que Deus nos deu a liberdade.

---

[8] Homilia na abertura do Congresso Eclesial da diocese de Roma sobre a Família, no dia 07.05.2005.

Veja como se expressa a este respeito João Paulo II: «A liberdade foi dada ao homem pelo Criador simultaneamente como dom e como tarefa; com efeito, por meio da liberdade, o homem é chamado a acolher e a realizar o bem na sua verdade, escolhendo e exercendo o bem *verdadeiro* na vida pessoal e familiar [...]. A liberdade é autêntica na medida em que realiza *o bem na verdade*; só então ela é um bem. *Se a liberdade deixa de estar ligada à verdade* e começa a fazer-se depender de si mesma ["faço o que quero e *porque* quero" — dizíamos], colocam-se as premissas de nefastas consequências morais, cujas dimensões são às vezes incalculáveis»[9].

Toda a admirável encíclica *Veritatis splendor (O esplendor da verdade)*[10], de João Paulo II é uma reflexão profunda

---

(9) Cf. João Paulo II, *Memória e identidade*, Ed. Objetiva, Rio de Janeiro, 2005, págs. 54-55.

(10) João Paulo II, Encíclica *Veritatis splendor*, de 06.08.1993.

sobre as relações entre a liberdade e a verdade. Interessa-nos agora lembrar que esse documento começa comentando a passagem evangélica do diálogo do jovem rico com Jesus (Mt 19, 16-22): *Mestre, que devo fazer de bom para alcançar a vida eterna?* Jesus responde: *Por que me interrogas sobre o que é bom? Um só é bom [Deus]. Mas, se queres entrar na vida eterna, cumpre os mandamentos.* O jovem pergunta quais são eles, e Jesus esclarece-o mencionando explicitamente os Dez Mandamentos. Como o rapaz diz tê-los cumprido desde a infância, Jesus olha para ele com afeto e lhe diz: — *Se queres ser perfeito*, desprende-te das coisas puramente materiais; e *depois, vem e segue-me.*

Dizíamos acima que há duas respostas sobre o porquê das qualificações morais: «isto é o bem, isto é o mal». Uma é a *liberdade egoísta*, arbitrária. A outra é a Vontade de Deus, *a lei de Deus*, seus mandamentos. Na encíclica que acabamos de mencionar, lemos: «Deus, que é o *único bom*, conhece perfeitamente o que é bom para o homem e, devido ao seu mesmo amor o propõe nos mandamentos».

Sim. Há um referencial claro, que é o *esplendor da verdade de Deus*. Em matéria moral, o referencial são os mandamentos da Lei de Deus, proclamados no Sinai, que «nos ensinam a verdadeira humanidade do homem» e «enunciam as exigências do amor de Deus e do próximo»[11], mandamentos que resumem a Lei divina natural, válida para todos os povos e todas as crenças, e que foram elevados até o máximo nível do amor pelos ensinamentos e o exemplo de Cristo[12]. Deus não nos deixou às escuras. Depois da vinda do nosso Salvador, Jesus Cristo, já não andamos mais *às apalpadelas* (cf. At 17, 27), porque temos *a luz da vida* (Jo 8, 12).

Com toda a segurança, pois, podemos dizer com o Salmo: *Lâmpada para os*

---

(11) *Catecismo da Igreja Católica*, ns. 2067 e 2070.

(12) Cf. o Sermão da Montanha, em Mt 5, 1-48.

meus passos é a tua palavra, e luz no meu caminho (Sl 119, 105).

QUE FAZEM, PAIS E EDUCADORES?

Não me importo de repetir, de voltar a dizer mais uma vez aos pais e educadores, que a sua responsabilidade de ser luz para a conduta dos jovens é imensa, e não hesito em afirmar que, muitas vezes, é questão de vida ou morte para os filhos e os educandos o fato de que vocês sejam como pedia São Paulo, *filhos de Deus sem defeito, no meio de uma geração má e perversa, na qual brilhais como luzeiros no mundo, apegados firmemente à Palavra da vida* (Fil 2, 15-16).

Deus faça que deixem de ouvir-se, em lares católicos, comentários do pai ou da mãe como os que, talvez caricaturizando um pouco, exemplifico a seguir:

— «Afinal, ele tem o direito de ser feliz» (estão a falar do filho que largou a mulher e os filhos porque se encantou com a secretária);

— «Cada qual tem as suas ideias, os seus valores; o que importa é que seja sincero, que tenha boa intenção...» (esses se esqueceram de que «o inferno está cheio de boas intenções»);
— «Pois é! Realmente, os tempos mudam..., tudo é tão difícil! No caso dela até que, por exceção, se justificava abortar...»;
— «Não precisa levar a religião tão a sério, filho, você está ficando fanático» (quando, na realidade, o filho está apenas começando a cumprir, com constância, os deveres religiosos elementares de um católico, como ler a Bíblia, rezar todos os dias e ir à Missa aos domingos);
— «Fulano e Sicrana são malucos, já vão para o terceiro filho!» (Quando o genro e a filha, conscientes e generosos, querem assumir livremente uma família numerosa);
— «A minha filha está muito bem, é uma joia: não bebe, não fuma, foi promovida no trabalho. Não há motivo para

preocupações» (mas está «casada» pela terceira vez, juntada com um divorciado, e com os dois filhos ao deus-dará, que os avós cuidarão deles).

Pais e educadores católicos — vou re-perguntar —, vocês acreditam mesmo em Deus? Vocês acreditam mesmo que Cristo é *a Verdade*? Vocês têm consciência de que a luz da verdade de Cristo foi deixada por Jesus nas mãos da sua Igreja, para que a guardasse, a protegesse, aprofundasse nela e a transmitisse com limpidez em todas as épocas, em todas as circunstâncias? Vocês acreditam na promessa do Senhor, de que o Espírito Santo assistiria o Magistério autêntico da Igreja (que é muito mais do que a opinião pessoal de alguns eclesiásticos), garantindo que *a Igreja do Deus vivo* seria sempre, como dizia São Paulo, *coluna e fundamento da verdade* (I Tm 3, 15)?

Então, por que parecem ficar tão alheados e são tão omissos? Tenham em conta que a *verdade sobre o homem*, quer dizer, os valores morais eternos sobre o homem criado por Deus, se estiverem bem arraigados em vocês e fundamentados na sólida doutrina, transparecerão em todos os aspectos da educação que proporcionem aos adolescentes e jovens. Por isso, também neste aspecto da «verdade sobre o homem» é preciso que se formem muito mais a sério, que estudem, que ganhem critérios e não fiquem satisfeitos com «achismos» e palpites.

Antes, ao falar da «verdade sobre Deus», citava alguns livros. Todos eles servem também para a formação dos critérios morais, «verdades sobre o homem». Mas, para completar os subsídios, não quero deixar de mencionar a boa ajuda que proporcionam, quando se deseja esclarecer dúvidas e conhecer argumentos em favor dos bons princípios éticos, vários *sites*, que recomendo, tendo em conta que hoje a internet faz parte do cotidiano. Só vou citar alguns, entre muitos outros igualmente bons e plenamente sintonizados com o Magistério da Igreja: além do portal oficial da Santa Sé, riquíssimo de doutrina e informações — *www.vatican.va* —, podem-se encontrar documentos da Igreja, estudos e respostas a dúvidas doutrinais e morais em outros *sites*, como *www.zenit.org*; *www.presbiteros.com.br*; *www.quadrante.com.br*; *www.portaldafamília.org*; *www.catholic.net*; *www.almudi.org*; e outros com os quais vários desses *sites* têm *links*.

O esplendor da virtude

A virtude é a segunda «força» do exemplo. É óbvio que a conduta virtuosa é um facho de luz mais importante que as palavras. Santo Antônio de Pádua dizia que virtudes como «a humildade, o desprendimento, a paciência e a obediência» são outras tantas «línguas», e que nós «falamos essas línguas quando os outros as veem em nós mesmos»[13].

---

(13) Santo Antônio de Pádua, *Sermões*, I, 226.

Já nos ocupamos na primeira parte do exemplo que devemos dar, em geral, com a conduta; sem repetir o que lá dizíamos, vamos considerar agora especificamente a irradiação das *virtudes* como tais, e isso impõe algumas reflexões. Desde já desejo advertir que, neste item, vou centrar-me nos pais.

Como começo de reflexão, vale a pena recordar que é o próprio Cristo quem faz finca-pé na importância das nossas virtudes para sermos «luz». *Vós sois a luz do mundo* [...]. *Brilhe a vossa luz diante dos homens, de modo que vejam as vossas boas obras e glorifiquem o vosso Pai que está nos céus* (Mt 5, 14-16). Jesus fala de «boas obras». E é bom ter presente que, no Novo Testamento — como um eco dessas palavras de Cristo —, as expressões *obras da luz*, *frutos da luz* e *armas da luz*, quase sempre se referem às virtudes, quer às virtudes «teologais» — fé, esperança, caridade (cf. 1 Ts, 5, 4-5.8; 1 Jo 2, 9-11) —, quer às «cardeais» ou virtudes humanas, opostas às *trevas* dos vícios (cf. Rm 2, 19-22; Rm 13, 12-14; Ef 5, 8-9).

Sobre as virtudes teologais, que são as máximas luminárias, refletiremos — através de um exemplo bem conhecido — na última parte desta obra. Agora vamos focalizar as *virtudes humanas*, que é preciso que os pais possuam e pratiquem, para assim poderem inculcá-las, contagiá-las aos filhos. Dessas virtudes, o *Catecismo da Igreja Católica* diz: «As *virtudes humanas* são atitudes firmes, disposições estáveis, perfeições *habituais* da inteligência e da vontade que regulam os nossos atos, ordenando as nossas paixões e guiando-nos segundo a razão e a fé. Propiciam, assim, facilidade, domínio e alegria para levar uma vida moralmente boa. Pessoa virtuosa é aquela que livremente pratica o bem» (n. 1804). Todas as virtudes humanas, que são muitas, giram à volta das *quatro virtudes cardeais* — isto é, «virtudes- -eixo» —: prudência, justiça, fortaleza e temperança (ns. 1805-1809).

Um filho ganha personalidade e consistência de caráter na medida em que adquire as virtudes humanas. São elas que — diz o *Catecismo* —, «com o auxílio de Deus, forjam o caráter e facilitam a prática do bem» (n. 1810).

Sem virtudes humanas solidamente adquiridas, os filhos crescem como um garoto doente do mal dos «ossos de vidro», que teve a desgraça de cair nas mãos de pais irresponsáveis. Pode estar alimentado com capricho, vestido com o bom e o melhor, educado com os melhores mestres. Se os pais não cuidam de amparar e «escorar» a fragilidade do filho com as soluções médicas e tecnicamente mais eficazes, virá uma fratura atrás da outra e, afinal, a incapacitação ou a morte.

Há pais — mais uma vez, desculpem-me por ser tão claro — que criam os filhos para que, muito cedo, acabem reduzidos a cacos. Dão-lhes (assim o julgam) o melhor possível em tudo, menos na formação moral. Não cultivam neles, desde a primeira infância, virtudes sérias, com o incentivo do seu exemplo constante e com o acompanhamento de um «treino» prático, paciente, pedagogicamente acertado, incansável. Contentam-se com ver que são «bons meninos», cheios de *boa vontade* e de *bons sentimentos*, ainda que não tenham virtudes, e, assim, os deixam abandonados aos seus caprichos, molezas e desordens, com «ossos de vidro» na alma, desde que tirem notas boas, não apanhem doenças nem vícios maiores com os seus desregramentos, e não criem encrencas por aí (gravidezes, etc.)

Sem virtudes, a boa vontade e os bons sentimentos são como um pássaro de asa quebrada. Uma das estórias mais lindas de Guimarães Rosa fala de um casal de garças alvíssimas, que apareciam, ano após ano, junto do riachinho Sirimim. Uma delas, atacada por um bicho do mato, foi achada um bom dia, enroscada em folhagens e cipós, com uma asa estraçalhada.

«Durou dois dias. Morreu muito branca. Murchou»[14]. Eu não gostaria que esse fosse o epitáfio do filho de ninguém. Mas muitos pais o estão preparando.

OS DOIS TESTES DAS VIRTUDES

Para que as virtudes dos pais tenham a força do exemplo, precisam de duas condições ou, melhor, têm que passar por dois testes de autenticidade: o teste da *prova* e o teste da *unidade de vida*. Explico-me.

De uma maneira surpreendente, o apóstolo São Tiago começa a sua carta, que é palavra de Deus incluída no Novo Testamento, dizendo: *Considerai uma grande alegria, meus irmãos, quando tiverdes de passar por diversas provações*. Na realidade, nós desejaríamos que as provações fossem as menos possíveis.

---

(14) João Guimarães Rosa, *Ave, Palavra*, Livr. José Olympio Ed., Rio de Janeiro, 1970, págs. 270-274.

Mas São Tiago não pensa assim, porque sabe que as dificuldades que nos põem à prova e nos fazem sofrer podem derrubar-nos, mas — e isso é o que interessa — podem também ser o meio de temperar, de consolidar e fortalecer as nossas virtudes. E, por isso, acrescenta que a prova *produz em vós a constância; e a constância deve levar a uma obra perfeita* (Ti 1, 2-4).

São Paulo é do mesmo parecer: *Sabemos que a tribulação gera a constância, a constância leva a uma virtude provada e a virtude provada desabrocha em esperança* (Rm 5, 3-4)[15].

Há coisa mais maravilhosa do que uma mãe sempre serena, com uma serenidade sorridente e ativa, que atravessa problemas financeiros, tribulações de saúde, preocupações com o marido e os filhos, sem mostrar abalo, infundindo

---

(15) Cf. Francisco Faus, *O valor das dificuldades*, 4ª ed., Quadrante, São Paulo, 2016.

sempre neles paz, segurança e uma visão esperançosa do futuro? Todos nós conhecemos e admiramos mães assim, forjadas na dificuldade como *ouro testado no fogo* (1 Pe 1, 7); generosas sem alarde, heroicas, cuja lembrança nos arranca lágrimas dos olhos. Vimo-las, por vezes, chegar ao extremo, à hora da morte, após longa e sofrida doença, derramando a mesma serenidade de sempre sobre os corações dos seus, esquecidas de si mesmas, consolando e animando a todos, e deixando atrás de si uma esteira de luz. Isto é que é «esplendor da virtude»! Isto é que é o exemplo que brota, como um manancial benfazejo, das virtudes «provadas»!

Não há virtudes fáceis. Não são luminosas as virtudes que aparecem nos momentos fáceis e desaparecem nos difíceis, como um estranho vaga-lume.

Mas também não há virtudes «especializadas», só para certos ambientes e determinadas ocasiões. Aqui temos que enfrentar-nos com o segundo teste, o da «unidade de vida». Infelizmente, não faltam pais que, quando estão com os amigos, os colegas de clube e as relações profissionais, praticam admiravelmente as virtudes da convivência. São amáveis, conversadores bem-humorados, prestativos, disponíveis. Chegam, porém, a casa, e parece que o mesmo homem virou «lobisomem»: seco, taciturno, antipático, mal-humorado, reclamando de tudo, isolado no seu jornal, na TV ou na internet, incapaz de uma palavra ou de um gesto de carinho cálido. Que aconteceu? Que as «virtudes» exibidas em ambientes sociais eram isso: sociais, fachada inautêntica.

Não esqueçam que os filhos veem tudo desde crianças. Alguns lembram-se do título daquele velho filme italiano, *I bambini ci guardano*, «as crianças nos olham». É verdade. E não engolem truques. Eles percebem se o pai ou a mãe padecem do que São Josemaria Escrivá chamava a «esquizofrenia espiritual»[16],

---

(16) Cf. *Entrevistas com Mons. Josemaria Escrivá*, 4ª ed., Quadrante, São Paulo, 2016, n. 114.

a dupla personalidade moral, e sentem repugnância quando, ao receberem conselhos deles, têm a impressão de que são como as palavras dos hipócritas de que Cristo falava, que *dizem e não fazem* (Mt 23, 3). Os filhos não querem pais que andem com passes de mágica trucados, para espectador ver, como os do David Copperfield na televisão; não querem pais que os envergonhem, por ostentarem virtudes aparentes, puramente formais e interesseiras, que em casa se apagam; querem pais que sejam sempre os mesmos, pois só o exemplo das virtudes praticadas a toda a hora, em todo o ambiente, em qualquer lugar, é digno de admiração e move à imitação.

Breve reflexão sobre as virtudes cardeais

Penso que, como simples amostra, podem-nos ajudar algumas pinceladas sobre as quatro virtudes cardeais. Serão rápidas, impressionistas, e mostrarão apenas umas poucas moedas do tesouro riquíssimo que guarda cada uma delas[17].

Prudência. Como ajuda e enche de segurança ter um pai que seja alegre, sensato e reflexivo! Que não improvise. Que não dê decepções a toda a hora, mudando de planos sem mais nem menos. Que não dê sustos por ter-se esquecido de controlar as contas bancárias, ou os prazos disto ou daquilo; que não precise ouvir aquelas palavras do *Paraíso* de Dante: *Siate, cristiani, a muovervi più gravi: non siate come penna ad ogni vento...* («Caminhai, cristãos, com mais ponderação: não sejais qual pena movida por qualquer vento...»)[18].

Justiça. Como faz bem aos filhos ter um pai e uma mãe que cumprem o que prometem! Que não se desdizem, porque ficou mais difícil aquele passeio com os

---

(17) Cf. *Catecismo da Igreja Católica*, ns. 1803 a 1811, e *Compêndio do Catecismo da Igreja Católica*, ns. 377 a 383.

(18) Dante Alighieri, *Commedia. Paradiso*, V, 73-74.

filhos e estão cansados e são comodistas. Que não tratam os filhos como números, com ordens genéricas, iguais para todos, como se o lar fosse um quartel, mas, como pede a justiça, tratam desigualmente os filhos desiguais (logicamente, não por mimo ou preferências injustas). Que, se fazem uma repreensão justa e prometem um pequeno ou médio castigo (castigo grande quase nunca se justifica), não amoleçam, mas cumprem, sem deixar de cercar o filho punido da certeza de que é muito amado e só se quer o seu bem.

E fazem bem aos filhos outras «justiças» menores do cotidiano. Por exemplo, saber que os pais não se aproveitam nunca de um troco errado (devolvem ao caixa a diferença), nem dão jeitos para enganar e deixar de pagar uma entrada, que qualquer pessoa honesta paga.

Fortaleza. Bastaria lembrarmo-nos da mãe que admirávamos há pouco. Mas é também um exemplo maravilhoso viver num clima familiar em que não se ouvem queixas nem reclamações. Em que ninguém se julga mártir ou vítima. Em que o pai, exausto, é capaz de ficar brincando com os filhos, interessando-se pelas suas pequenas problemáticas ou pelos seus sonhos e alegrias, e tudo isso sabendo oferecer a todos um sorriso afável, no meio da pena ou do esgotamento. Pais que sempre projetam a bela luz da paciência e da constância.

Temperança. Que grande exemplo dão os pais que nunca são vistos, nem dentro nem fora de casa, nem nos dias de trabalho nem aos domingos e feriados, abusando da comida e da bebida! Que não se iludam, achando que vão enganar os filhos dizendo-lhes que se trata só de um «aperitivo» ou uma «cervejinha» de que precisam muito porque andam fatigados e faz bem para a saúde, quando os filhos os veem claramente «altos», com a voz gosmenta e as pernas bambeando por excesso de álcool. Pelo contrário, como toca o coração ver uma mãe que habitualmente «gosta» do pedaço de carne que tem mais nervos e gorduras, ou ver o pai que «gosta» do cinema que a mãe adora..., mesmo em dias em que joga o seu time.

E a temperança na TV e na internet? Acham que os filhos são tolos? Em matéria de informática, quase sempre dão um solene «chapéu» nos pais, e descobrem muito facilmente — pois ainda não aprenderam a viver a virtude da discrição e a controlar a curiosidade — a quantidade de *sites* inconvenientes que o pai visitou, como se fosse um adolescente com obsessão sexual neurótica.

E em matéria de humildade, que São Tomás de Aquino situa no âmbito da temperança? Como se nota a falta de humildade e como faz mal! Por isso, é tão formativo que os filhos percebam que os pais não se deixam arrastar por mesquinharias de susceptibilidade, por mágoas persistentes, por rancores e incapacidade de perdoar. Que nunca vejam os pais virando o rosto para ninguém, nem dominados por espírito de revide e vingança, nem falando com raiva do cunhado que fez isso ou da tia que fez aquilo...

Virtudes humanas! São tantas as que os pais deveriam cultivar, *como uma lâmpada que brilha em lugar escuro...* (1 Pe 1, 19)! Cultivar virtudes e ensiná-las aos filhos, com a autoridade moral que dá o exemplo, é um empreendimento árduo, mas é decisivo, e, por isso, deve ser enfrentado pelos pais (tendo uma intensa vida interior, muita formação cristã, exame de consciência todas as noites, direção espiritual, etc.), e, com a graça de Deus, deve ser levado a termo. Oxalá os filhos, quando crescerem, possam dizer que nunca se apagou deles a imagem do pai, a imagem da mãe, e que até à velhice o pai e a mãe continuaram a iluminar-lhes a vida.

Isto foi o que aconteceu a um amigo meu muito chegado. A imagem dos pais ficou-lhe gravada para sempre, como uma estrela orientadora. E veio a tomar uma consciência mais plena dessa bela realidade quando aconteceu o fato que transcrevo a seguir, usando literalmente as palavras com que ele o descreveu:

Por ocasião de um centenário

Meu pai morreu com 85 anos de idade, em 1987. Quando ia começar o ano de 2002, filhos, netos, amigos e colegas da sua profissão jurídica resolveram honrar-lhe a memória, comemorando, com diversas celebrações — alhures, lá na terra onde ele nasceu e viveu —, o centenário do seu nascimento. Para uma dessas celebrações, ocorreu-me preparar umas palavras de público agradecimento — de gratidão filial —, sob o título: *O que eu aprendi de meu pai*.

Penso que pode ser esclarecedor acrescentar que redigi esse texto em cima da hora, deixando os dedos e o coração correrem espontaneamente pelo teclado do computador. Tal como o texto surgiu e foi lido na cerimônia, transcrevo-o a seguir:

— De meu pai, eu aprendi o valor da *simplicidade*. Lembrando-me dele, compreendo muito bem que essa virtude amável é o segredo da autêntica grandeza.

— De meu pai aprendi o que significa *respeito* profundo por cada ser humano. Para ele, um ajudante de pedreiro ou uma humilde faxineira tinha tanto ou mais valor que o presidente de uma grande companhia. E, no seu escritório de advogado-tabelião, o problema dos limites da minúscula horta de dona Maria «pesava» tanto como a constituição de uma grande sociedade.

— Ao pensar no meu pai, ainda hoje fico comovido toda vez que me recordo do *respeito* que tinha pelos seus seis filhos. Não os dominava nem os descurava: educava-os dentro de profundos valores cristãos (em comunhão estreita com a mãe), mas sempre respeitando-lhes as opções, as preferências, as escolhas nobres, a vocação, a liberdade responsável.

— De meu pai aprendi que não há alma tão amável como aquela que possui, no seu fundo mais íntimo, o tesouro da *humildade*. E que não existe coisa mais ridícula que o inchaço do orgulhoso, os ares de grandeza do convencido e a correria ansiosa do ambicioso. Eu diria que ele somente conheceu aquelas pequeninas vaidades, minúsculas e até infantis, que não embaçam a humildade de coração.

— De meu pai aprendi também a alegria única que proporcionam as coisas mais *singelas* do mundo, como as festas familiares, as tradições do lar, os passeios no campo, a observação dos pássaros, das árvores, dos plantios e das pastagens, os «bate-papos» com os amigos, e as leituras repousadas de livros bons.

— De meu pai aprendi que certas nuvens escuras, que poderiam toldar seriamente o convívio familiar, podem dissipar-se ou atenuar-se muito com uma pitada de *bom humor* sem ácido e sem fel.

— De meu pai aprendi que é possível viver uma longa vida sem guardar nem uma migalha de ódio, de inveja ou de rancor, movido apenas pelo impulso permanente da bondade.

— De meu pai aprendi que o coração só se sente bem com a *verdade*, e que a menor mentira incomoda e faz mal.

— De meu pai aprendi o que é ser *amigo* dos amigos, apenas pela alegria de tê-los e de ficar feliz vendo que estão contentes.

— De meu pai aprendi a amar a natureza, como um espelho de Deus, que jamais se esgota nem cansa.

— De meu pai aprendi a grandeza de sermos *fiéis* aos autênticos valores e convicções. Vendo-o, aprendi que, *debaixo* de Deus, há infinitas maravilhas; mas que *por cima* ou *à margem* de Deus não há nenhuma, pois Ele é «toda» a maravilha e sem Ele nenhuma o é...

— De meu pai aprendi como é grande e cativante o homem que vive a *fé* com a mesma naturalidade com que respira, sem exibicionismos nem retórica, mas também sem respeitos humanos nem receio de se mostrar como cristão.

— De meu pai aprendi como é belo *não se preocupar* nem um pouquinho com o que os outros possam *pensar* ou *dizer*, quando se possui um coração reto, uma intenção pura e boa vontade...

— De meu pai aprendi... tantas coisas! Perdão. Desde o início destas evocações, eu deveria ter dito tudo de maneira diferente. Eu deveria ter dito: — De meu pai eu *poderia* ter aprendido tantas coisas boas! E de minha mãe, que mereceria uma evocação igual. Que Deus me perdoe por não ter sabido fazê-lo como eles mereciam!...

Estas foram as palavras lidas naquela homenagem. «Relendo-as depois — comentava ainda o meu amigo —, dei-me conta de que *só fiquei falando do exemplo*. Isto me tem ajudado a valorizar o exemplo, como a melhor herança que os pais podem deixar aos filhos».

O «EDUCADOR
DO MUNDO»

Quando estava cruzando o limiar do terceiro milênio, João Paulo II, olhando para o futuro, escrevia: «Começa um novo século e um novo milênio sob a luz de Cristo. Nem todos, porém, veem essa luz. A nós cabe a tarefa maravilhosa e exigente de ser o seu "reflexo"»[1].

Estou convencido de que João Paulo II foi um eleito de Deus para ser, na época atual, um poderoso reflexo da luz de Cristo. Por isso o escolhi como figura-símbolo desta terceira parte da obra, pois ele foi, e continua a ser para o mundo, uma tocha poderosa das virtudes cristãs,

---

(1) João Paulo II, Carta apostólica *Novo millennio ineunte*, 06.01.2001, n. 54.

e especialmente das três virtudes teologais: *fé, amor (caridade)* e *esperança*.

Talvez, ao ler isto, alguém pergunte: — Se, até aqui, estivemos considerando sobretudo o exemplo dos pais, por que vai falar agora do Papa? Não poderia escolher figuras de pais — desses pais e mães que deixaram testemunhos extraordinários de santidade — como símbolos das virtudes da fé, esperança e caridade?

Eu responderia dizendo que sim, poderia, e até pensei inicialmente em fazer isso. Mas não o fiz. A razão é que vejo em João Paulo II — como apontava no início destas páginas —, a figura de um autêntico *pai*, considerado, sentido e amado como tal por milhões de pessoas de todas as idades, crenças, raças e continentes. Quando ele morreu, não foram só os católicos que se sentiram «órfãos». Foram muitíssimos, mesmo descrentes, os que experimentaram um estranho vazio, como se, no mundo, se tivesse apagado de repente um clarão deslumbrante de fé, de amor e de esperança, clarão de que o mundo, a sociedade, as famílias, sentem uma falta imensa e dolorosa.

Ficou-nos, no entanto, o seu exemplo, e creio que vale a pena contemplá-lo atentamente. Aos pais e orientadores peço-lhes que se olhem neste espelho e permitam que o seu reflexo entre na sua alma... Não duvidem de que vão «enxergar» muitas coisas que lhes abrirão os olhos e os interpelarão.

A maioria dos leitores, quando estas páginas vierem à luz, ainda terá ecoando no seu coração a emoção daqueles dias de fins de março e começos de abril de 2005, em que o mundo inteiro, através de uma cobertura sem precedentes da televisão, acompanhou, hora após hora, num recolhimento reverente e comovido, a agonia e a morte de João Paulo II. Todos contemplamos, pasmados, aquela «imensa multidão silenciosa e orante», de que falava o cardeal Ratzinger na homilia das exéquias do Papa falecido, e com todos eles nos sentíamos fundidos, irmanados nos mesmos sentimentos de agradecimento, admiração e carinho por João Paulo II.

Todos estávamos tomados pela certeza de que acabava de entrar na casa do Pai um homem de Deus. Daí os pedidos espontâneos, dirigidos aos cardeais: «*Santo subito!*», «Santo, já!»

Vamos chegar-nos agora a essa luz, procurando que atinjam o nosso coração os seus reflexos de fé, de amor e de esperança.

Uma tocha de fé

O instinto do povo não se enganava quando, desde o início de seu pontificado, via no Papa Wojtyla um homem de Deus. A fé notava-se-lhe no calor sereno e viril da voz, no olhar profundo, afetuoso e calmo, na paz com que abraçava o seu serviço sacrificado e incansável e com que aceitava as adversidades, doenças e dores como vindas da mão de Deus.

Pode-se dizer que a fé — uma fé segura, sólida e feliz — lhe saía por todos os poros do corpo e da alma. Acreditava mesmo em Deus, acreditava mesmo em Jesus Cristo, único Salvador do mundo; acreditava plenamente no chamado de todos à salvação que está em Cristo Jesus; acreditava, com confiança de filho, na intercessão da Santíssima Virgem Maria, em cujos braços maternos se abandonara muito cedo, declarando-se *Totus tuus!* — «Todo teu!»

A ORAÇÃO, ESPELHO DA FÉ

Diz-se, com toda a razão, que a oração é o espelho da fé. É pela oração que a alma se une a Deus, em inefável intimidade; é pela oração amorosamente contemplativa que os traços de Cristo se imprimem na alma; é pela oração que os olhos veem o mundo, a história, os homens — cada homem — com a própria visão de Deus; e é pela oração que se pode chegar a dizer, como São Paulo: *Eu vivo, mas já não sou eu; é Cristo que vive em mim. A minha vida presente, na carne, eu a vivo na fé no Filho de Deus, que me amou e se entregou por mim* (Gl 2, 20).

Pois bem, João Paulo II vivia literalmente mergulhado na oração. E isso, mesmo para os que o ignoravam, se notava de uma forma indisfarçável. Desde o início do seu pontificado — continuando, aliás, com seus antigos hábitos de padre e de bispo —, levantava-se às 5h30 e, depois de se arrumar, ia imediatamente à capela para fazer mais de uma hora de oração íntima, ajoelhado diante do sacrário, perante um crucifixo e uma imagem da Virgem Negra de Czestokowa[2].

No seu penúltimo livro, *Levantai-vos! Vamos!*[3], o próprio Papa fala da alegria de ter a capela tão perto das dependências

---

(2) Cf. George Weigel, *Testemunho de esperança*, Bertrand Editora, Lisboa, 2000, pág. 227.

(3) João Paulo II, *Levantai-vos! Vamos!*, Ed. Planeta, São Paulo, 2004, págs. 147-148.

onde trabalhava: «A capela fica tão próxima para que na vida do bispo tudo — a pregação, as decisões, a pastoral — tenha início aos pés de Cristo, escondido no Santíssimo Sacramento [...]. Estou convencido de que a capela é um lugar de onde provém uma inspiração particular. É um privilégio enorme poder habitar e trabalhar no espaço dessa Presença, uma Presença que atrai, como um potente ímã». «Todas as grandes decisões — comentava um dos seus ajudantes — tomava-as de joelhos diante do Santíssimo Sacramento».

A capela era, realmente, o ímã constante, irresistível, do dia a dia de João Paulo II. Na capela, além da oração matutina e da celebração da Santa Missa, rezava todos os dias a Liturgia das Horas. Na capela, muitas vezes, das 9h30 às 11h00, dedicava-se a escrever, anotando sempre no cabeçalho de cada folha uma oração abreviada, uma jaculatória. Na capela, guardava o que ele chamava a «geografia da sua oração», pois, no interior da parte de cima do genuflexório, as freiras que cuidavam da casa pontifícia deixavam centenas de folhas datilografadas, com pedidos de oração pessoal enviados por carta ao Papa por fiéis de todo o mundo, intenções pelas quais fazia questão de rezar. Conta-se que um dos seus secretários, o Pe. John Magee, procurou certa vez o Papa nos seus aposentos e não o encontrou. Foi-lhe indicado que o procurasse na capela, mas não o viu. Sugeriram-lhe, então, que olhasse melhor, e lá descobriu efetivamente o Papa, prostrado no chão, em adoração, diante do sacrário.

Esse clima de oração estendia-se, como uma onda cálida, a todas as atividades do dia. João Paulo II rezava constantemente: entre as diversas reuniões, a caminho das audiências, no carro, num helicóptero... Num terraço do Palácio Apostólico, onde mandara colocar as catorze estações da Via Sacra, praticava essa devoção todas as sextas-feiras do ano e, na Quaresma, todos os dias. Rezava o terço em diversos momentos da jornada, até completar o Rosário. Um detalhe simpático: só dedicava ao descanso, após o almoço, uns dez minutos; depois dos quais, enquanto outros repousavam, passeava pelos jardins do Vaticano rezando o terço[4].

COM OS OLHOS DA FÉ

A oração, a intimidade com Deus, é a condição imprescindível para que permaneçam abertos e penetrantes os olhos da fé. Na Missa inicial do Conclave, a 18 de abril de 2005, o cardeal Ratzinger dizia uma verdade grande e simples: «Quanto mais amamos Jesus, tanto mais o conhecemos». E na Missa de exéquias, o mesmo cardeal dizia: «O amor de Cristo foi a força dominante em nosso querido Santo

---

(4) Cf. George Weigel, *Testemunho de esperança*, págs. 227, 228 e 337; e Carl Bernstein e Marco Politi, *Sua Santidade*, Ed. Objetiva, Rio de Janeiro, 1996, págs. 383 e 540.

Padre. Quem o viu rezar, quem o viu pregar, sabe disso».

Isso explica a serena firmeza com que João Paulo II se empenhou sem descanso, ao longo dos seus vinte e seis anos de pontificado, em aprofundar na autêntica doutrina católica — muitas vezes chegando, como exímio filósofo e teólogo que era, a profundidades deslumbrantes — e em difundi-la por todo o mundo. A fé, enraizada no amor, dava-lhe autenticidade. Todos sabiam que pregava sobre aquilo em que firmemente acreditava, sobre aquilo que vivia, sobre aquilo que sinceramente amava e sentia, quer fossem as verdades da fé relativas ao Redentor do homem, ao Espírito Santo, à Eucaristia, ao sacramento da Reconciliação, ao sentido do sacerdócio, ao ecumenismo, à missão maternal de Maria..., quer às verdades morais que exprimem o plano de Deus sobre a família, sobre o amor humano e o sexo, sobre a dignidade inviolável da vida desde o primeiro instante da concepção até à morte natural, sobre o valor permanente dos Mandamentos do Decálogo, etc.[5]

Muitos experimentavam o impacto dessas verdades, e mudavam. Outros, vibravam com elas e admiravam o Papa, mesmo que não se decidissem a praticá--las. Alguns, desorientados, as contestavam. Mas afora uns poucos sectários, todos — a começar pelos não-católicos e os não-crentes — captavam que o Papa tinha, nas suas falas, a transparência de Deus, a «longitude de onda» da Palavra de Deus. Era como se vissem nele, feito realidade, o louvor que Cristo dirigiu a Pedro em Cesareia de Filipe: *Feliz és Simão, filho de Jonas, porque não foi a carne nem o sangue que te revelou isto, mas meu Pai que está nos Céus* (Mt 16, 17), bem como a oração que Jesus fez por

---

(5) Os documentos de João Paulo II (Encíclicas, Exortações apostólicas, Cartas, etc.) podem ser consultados no *site www.vatican.va*. Há também várias coleções de encíclicas publicadas no Brasil: *Encíclicas de João Paulo II*, Ed. Paulus, São Paulo, 2003; *João Paulo II. Encíclicas*, Ed. LTr, 3ª. ed., São Paulo, 2003.

Pedro, o primeiro Papa, na Última Ceia: *Simão..., eu roguei por ti, para que a tua fé não desfaleça; e tu, uma vez convertido, confirma os teus irmãos* (Lc 22, 32).

COM A FORTALEZA DA FÉ

A fé, quando autêntica, é uma certeza amorosa que, depois de elevar até Deus a alma agradecida, se aninha no coração e o torna capaz de amar a todos. Aí está a diferença entre fé e fanatismo, entre convicção e «fundamentalismo». O fanático, o fundamentalista exasperado, não é capaz de compreender os que não pensam como ele; despreza-os e chega a odiá-los.

Pelo contrário, quem tem a alma iluminada pela fé de Jesus Cristo só sabe amar e, como ama loucamente Jesus, que veio ao mundo, como Ele dizia a Pilatos, para *dar testemunho da verdade* (Jo 18, 37), conjuga em perfeita harmonia a firmeza na fé (sem «espaço para cedências nem para um recurso oportunista à diplomacia humana»⁶), com a compreensão e o afeto sincero para com os que divergem e erram. A afirmação da sua fé nunca foi, em João Paulo II, uma imposição irada, mas um convite, como o que marcou o início do seu pontificado: «Não tenhais medo! Abri as portas a Cristo!»

Assim foi João Paulo II, *forte na fé* — como pedia Pedro, de quem foi sucessor (1 Pe 5, 9) —, «com uma fé corajosa e sem medo, uma fé temperada na provação, pronta para seguir com generosa adesão qualquer chamado de Deus»⁷; e, ao mesmo tempo, um homem de braços abertos, disposto incansavelmente a sofrer todas as dificuldades, e até mesmo vexames e desprezos (como sucedeu, por exemplo, com alguns episódios indelicados na Nicarágua marxista, em Cuba e na Grécia), para avançar passo a passo, sem nunca desfalecer, pelo caminho do

---

(6) João Paulo II, *Levantai-vos! Vamos!*, pág. 186.

(7) *Ibid.*

diálogo com os representantes das outras confissões cristãs, com os não-cristãos e com os não-crentes.

Numa breve biografia sobre João Paulo II, o então cardeal Ratzinger terminava com estas palavras: «Hoje também os espíritos críticos sentem com uma clareza sempre maior que a crise do nosso tempo consiste na "crise de Deus", no desaparecimento de Deus do horizonte da história humana. A resposta da Igreja deve ser uma só: falar sempre menos de si mesma e sempre mais de Deus, dando testemunho dEle e sendo a porta para Ele. Este é o verdadeiro conteúdo do pontificado de João Paulo II que, com o passar dos anos, torna-se sempre mais evidente»[8].

E eu perguntaria aos pais e educadores: — Vocês, com a sua fé amada, aprofundada, cultivada e vivida, são mesmo uma «porta» por onde Cristo pode entrar

---

(8) Joseph Ratzinger, *João Paulo II. Vinte anos na História*, Ed. Paulinas, São Paulo, 2000, pág. 31.

e «ficar morando» (cf. Jo 14, 23) na vida dos seus filhos e orientados, ou até agora foram mais um muro opaco que uma porta aberta e iluminada? Que Deus os ajude a tirar conclusões!

Uma tocha de caridade

«Amou até o fim»

Os últimos anos, meses e dias de João Paulo II evidenciaram de uma maneira impressionante e crescente, aos olhos de todos, que aquele ancião doente, combalido, encurvado, sofredor, cada vez mais limitado, depois de ter dado a vida inteira ao serviço de Deus e de seus irmãos, os homens, estava disposto a entregar até a última gota, até o último alento, enquanto Deus não viesse buscá-lo.

Seguindo as pegadas de Cristo, decidiu-se a levar a sua caridade, o seu amor, até ao extremo, como Jesus, de quem diz o Evangelho que, *tendo amado os seus que estavam no mundo, amou-os até o fim* (Jo 13, 1).

Ele próprio deixara escritas no seu testamento, no ano 2000, as seguintes palavras: «Segundo os desígnios da Providência, foi-me concedido viver no difícil século que está ficando no passado, e agora, no ano em que a minha vida alcança os oitenta anos, é necessário perguntar-me se não chegou a hora de repetir com o bíblico Simeão: *"Nunc dimittis"*[9]». O escrito continua: «No dia 13 de maio de 1981, o dia do atentado contra o Papa durante a audiência geral na Praça de São Pedro [foi o Papa quem escreveu isso no testamento], a Divina Providência salvou-me milagrosamente da morte. O mesmo único Senhor da vida e da morte prolongou-me esta vida e, em certo sentido, voltou a dar-ma de novo. A partir desse momento, pertence-lhe ainda mais [...]. Peço-lhe que me chame quando

---

(9) Refere-se à oração do ancião Simeão que, no dia da apresentação do Menino Jesus no Templo, diz a Deus que agora já o pode levar em paz deste mundo: cf. Lc 2, 29.

Ele quiser. "Se vivemos, vivemos para o Senhor; e se morremos, morremos para o Senhor... Somos do Senhor" (cf. Rm 14, 8). Espero que, até que possa completar o serviço petrino [de sucessor de Pedro] na Igreja, a misericórdia de Deus me dê forças para este serviço».

E assim foi. A sua entrega foi como a de uma lamparina que só se extingue depois de se consumir inteiramente. Mas, à medida que a sua vida se ia apagando, o seu amor resplandecia com mais força. Quem não se lembra do seu derradeiro esforço por se comunicar, por levar a Palavra aos fiéis, naquele dia de abril em que, o rosto emoldurado pela janela de onde tinha falado tantas vezes, só pôde abrir a boca para exprimir silenciosamente a dor, a agonia, as lágrimas silenciosas de um pastor esgotado, que já não mais conseguia articular uma palavra?

Deixou-nos assim um reflexo extraordinário da imagem do Bom Pastor, que *dá a vida pelas suas ovelhas* (Jo 10, 11). A homilia das exéquias recordava essa figura evangélica, em que João Paulo II ficava retratado: «Foi sacerdote até o final, porque ofereceu a sua vida a Deus por suas ovelhas e por toda a família humana, numa entrega cotidiana ao serviço da Igreja e, sobretudo, nas duras provas dos últimos meses. Assim se converteu em uma só coisa com Cristo, o Bom Pastor que ama as suas ovelhas».

«A<small>QUELE QUE DÁ A VIDA</small>
<small>PELOS SEUS AMIGOS</small>»

Eis outras palavras de Cristo, na Última Ceia, que ajudam a captar essa tocha de caridade: *Ninguém tem maior amor do que aquele que dá a vida pelos seus amigos* (Jo 15, 15).

Cristo deu a vida com a sua dedicação infatigável aos homens — *Não vim para ser servido, mas para servir e dar a vida para salvação de muitos* (cf. Mt 20, 28) —, mas a sua entrega chegou ao ápice no sacrifício da Cruz. Com efeito, foi na Cruz, quando já do corpo dilacerado escorriam as últimas gotas do sangue derramado *para a remissão dos pecados* (Mt 26, 28), que Jesus pôde dizer: *Tudo está consumado!* (Jo 19, 30). Nos últimos anos, João Paulo II foi-se configurando, cada vez mais plenamente, com Jesus sofredor, com a sua Paixão e Morte. Viveu uma intensa «consciência» do valor salvador da Cruz, que ele sempre amara: «Nunca me aconteceu — escrevia — colocar com indiferença a minha Cruz peitoral de bispo. É um gesto que sempre acompanho com a oração. Há mais de quarenta e cinco anos que a Cruz pousa em meu peito, ao lado do meu coração. Amar a Cruz quer dizer amar o sacrifício»[10].

À medida que os seus sofrimentos físicos foram aumentando, até envolvê-lo,

---

(10) João Paulo II, *Levantai-vos! Vamos!*, pág. 193.

por assim dizer, como uma espessa malha torturante, o Papa foi compreendendo com mais profundidade que a sua dor, em união com a de Jesus crucificado, seria, por desígnio divino, a nova forma de cumprir a missão de pastor de um rebanho imenso, espalhado pelo mundo — os católicos, os cristãos, todos os homens —, um rebanho que se debate no meio dos perigos, incertezas e ameaças do nosso tempo em crise.

Deixemos a palavra, mais uma vez, ao cardeal Ratzinger, na homilia das exéquias de João Paulo II: «Precisamente nessa sua comunhão com o Senhor que sofre, o Papa anunciou, infatigavelmente e com renovada intensidade, o Evangelho, o mistério do amor até o fim». E, a seguir, o cardeal citava palavras do próprio João Paulo II no seu último livro: «Cristo, sofrendo por todos nós, conferiu um novo sentido ao sofrimento, introduziu-o em uma nova dimensão, em uma nova ordem: a do amor... É o sofrimento que queima e destrói o mal com a chama do amor, e até do pecado tira um florescimento multiforme de bem»[11].

É tocante perceber como João Paulo II ia crescendo nessa profunda visão sobrenatural. Após a queda no banheiro, em 28 de abril de 1994, com graves fraturas, sofreu uma nova intervenção cirúrgica na Policlínica Gemelli, que, no entanto, não pôde resolver satisfatoriamente o problema. Passou, então, a usar bengala. As dores não cederam, ao contrário. Os movimentos tornaram-se mais trôpegos e penosos.

Quando voltou a dirigir-se aos fiéis presentes na Praça de São Pedro, à hora do Ângelus, em 29 de maio, agradeceu publicamente a Cristo e Maria o «dom do sofrimento», que via como «um dom necessário». Explicava-lhes, falando especialmente às famílias: «Meditei vezes sem conta sobre tudo isso durante a minha estadia no hospital... Compreendi que

---

(11) João Paulo II, *Memória e identidade*, págs. 189--90.

tenho de conduzir a Igreja de Cristo até este terceiro milénio através da oração, de vários programas de atuação, mas vi que não é suficiente: tem de ser guiada pelo sofrimento, pelo ataque de há treze anos [o atentado de Ali Agca] e por este novo sacrifício [...]. O Papa tinha de ser atacado, o Papa tinha de sofrer, de modo que todas as famílias e o mundo pudessem ver que existe um Evangelho mais grandioso: o Evangelho do sofrimento, pelo qual se prepara o futuro, o terceiro milénio das famílias, de cada família e de todas as famílias»[12].

No dia primeiro de abril, pressentindo-se um próximo desenlace, o arcebispo Angelo Comastri, Vigário para o Estado da Cidade do Vaticano e grande amigo do Papa, foi chamado com urgência ao quarto do pontífice agonizante. Diante dele, como comentou depois pela Rádio vaticana, experimentou uma emoção indescritível: «Ao vê-lo no leito do

---

(12) Cf. George Weigel, *Testemunho de esperança*, pág. 582.

sofrimento, disse-lhe: "És verdadeiramente o Vigário de Cristo até o final, na paixão que estás vivendo, de modo tão edificante que comove o mundo". O Papa — continuou a narrar —, com a sua dor, escreveu a encíclica mais bela da sua vida, fiel a Jesus até o final», a «encíclica nunca escrita»[13].

A sua morte assombrou o mundo, pois viu nela um «Evangelho da vida». O Papa alegre, que amou entranhadamente a juventude, soube pouco antes de expirar que multidões de jovens rezavam e velavam a sua agonia ao pé da sua janela, e então disse, com um fio de voz quase imperceptível: «*Vi ho cercato, adesso siete venuti da me, e per questo vi ringrazio*» («Eu procurei vocês, jovens, agora vocês vieram ter comigo; e por isso lhes agradeço»). Foram as últimas palavras audíveis que pronunciou.

---

(13) Revista *Nuestro Tiempo*, n. 610, abril 2005, págs. 38-39.

Interrompo o relato para fazer outro breve parêntese, pois não consigo continuar sem dirigir-me de novo aos pais cristãos, e perguntar-lhes: — Os vossos filhos, podem admirar em vocês a alegria no meio da dor, do sacrifício e da doação generosa, sem sombras de queixas egoístas? Podem assombrar-se ao admirar a paz serena de uns pais que amam a Deus e nEle confiam, de uns pais que se abandonam plenamente à sua santa Vontade, e por isso nunca perdem nem a boa disposição nem o sorriso, mesmo no meio do maior sofrimento?... Continuemos.

«A MIM O FIZESTES»

A tocha ardente e clara do exemplo de caridade de João Paulo II ficaria incompleta se não fizéssemos pelo menos uma alusão a um dos empenhos mais característicos do seu pontificado: a veneração, o imenso respeito, o amor pela «dignidade do homem, de cada homem, de cada mulher». Extasiava-se ao pensar no «milagre da pessoa, da semelhança do homem com Deus Uno e Trino»[14]. Tinha assimilado plenamente as palavras de Cristo: *Tudo o que fizestes a um destes meus irmãos mais pequeninos, foi a mim que o fizestes* (Mt 25, 40).

Daí a sua defesa vigorosa da vida, desde que começa a alvorecer recém-concebida; daí a fortaleza com que se opôs a qualquer destruição ou rebaixamento do ser humano como se fosse um objeto, desde as manipulações genéticas e experiências destrutivas de embriões e fetos, e o uso do corpo como mero instrumento de prazer, até a defesa da morte natural digna — de que deu exemplo com a sua própria morte —, que rejeita como uma indignidade a eutanásia direta, expediente egoísta e cômodo de uma sociedade hedonista que só pensa

---

(14) João Paulo II, *Levantai-vos! Vamos!*, pág. 102.

em livrar-se de problemas do modo mais expeditivo.

Sofria ao observar que, na sociedade materialista atual, «o homem ficou só», e que a sua liberdade divinizada, transformada num ídolo sem Deus, sem verdades nem valores firmes, acaba por ser uma fonte de «nefastas consequências morais, cujas dimensões são às vezes incalculáveis»[15].

Só sabia ver as pessoas, cada uma delas, sob a luz de Deus. «Eu simplesmente rezo por todos cada dia. Basta encontrar uma pessoa, para que ore por ela, e isso facilita sempre o contato [...]. Sigo o princípio de acolher cada um como uma pessoa que o Senhor me envia e que, ao mesmo tempo, me confia»[16].

E como reagiu quando se tratou de um assassino a soldo, que friamente fez tudo para matá-lo, que ficou frustrado

---

(15) João Paulo II, *Memória e identidade*, págs. 21 e 55.

(16) João Paulo II, *Levantai-vos! Vamos!*, págs. 76-77.

ao ver que o Papa sobrevivia ao atentado e que jamais esboçou sequer um pedido de perdão? O seu amor não mudou. O valor que dava a cada pessoa humana não mudou, e até mesmo atingiu o cume do amor, conseguindo perdoar de todo o coração, devolver bem por mal, amor por ódio, bondade por maldade. Desde o primeiro instante, após o atentado, perdoou Mehmet Ali Agca e rezou por ele. Voltou a dar o perdão publicamente, na primeira audiência que pôde ter com os fiéis. Foi visitá-lo na prisão e ofereceu-lhe o seu abraço sincero. Várias vezes, como contava o seu secretário particular, Mons. Stanislaw Dziwisz, «recebeu a mãe e os familiares de Agca e perguntava frequentemente por ele aos capelães da prisão»[17].

Esta é, mais uma vez, a luz de Cristo, a tocha fascinante do amor cristão, irradiando sobre o mundo inteiro pelo

---

(17) João Paulo II, *Memória e Identidade*, Apêndice, pág. 185.

exemplo, pela chama de amor de um homem de Deus: «*Senhor* — perguntou a Jesus o "primeiro Pedro" —, *quantas vezes devo perdoar ao meu irmão, quando ele pecar contra mim? Até sete vezes?» Respondeu Jesus: «Não te digo até sete vezes, mas até setenta vezes sete*» (Mt 18, 21-22).

Uma tocha de esperança

«*Ainda que atravesse o vale escuro, não temerei...*»

Desde que iniciou a sua preparação para o sacerdócio, Karol Wojtyla foi colocado por Deus numas circunstâncias dramáticas, em que só podia ser fiel à sua vocação «atravessando o vale escuro», como diz o Salmo 23. A sua terra, a Polônia, esteve dominada durante boa parte do século XX pelas duas «ideologias do mal»[18] que mais acirradamente

---

(18) Ver João Paulo II, *Memória e Identidade*, pág. 15 e segs.

se propuseram aniquilar o cristianismo: o nazismo e o marxismo-leninismo. A «aventura» heroica, empolgante, que significou para o seminarista, o padre e o bispo Wojtyla a vida no ambiente de guerra, de ditaduras e perseguições desencadeadas por essas duas ideologias, está bem descrita nas boas biografias já existentes[19].

O perigo nazista foi derrotado em 1945, mas a sombra do marxismo totalitário e ateu cresceu e pairou opressivamente sobre a Polônia dominada, e ameaçava o mundo inteiro até a sua decomposição e queda, acontecida no final dos anos oitenta.

Contudo, quase vinte anos antes dessa falência do «comunismo real», outras sombras escuras estavam surgindo, densas e igualmente agressivas contra Cristo e a sua Igreja, contra a fé e a moral cristãs: as sombras do materialismo hedonista

---

(19) Ver, por exemplo, a citada biografia de George Weigel, *Testemunho de esperança*.

e consumista do Ocidente, cada vez mais alicerçado na ideologia laicista, que hoje ataca a Igreja quase com a mesma ferocidade ideológica que o nazismo e o marxismo.

No seu livro evocativo *Memória e identidade*, João Paulo II comenta que, após cessarem os campos de extermínio — os campos de concentração nazistas e os *gulag* comunistas —, assistimos hoje ao «extermínio legal de seres humanos concebidos e ainda não nascidos; trata-se de mais um caso de extermínio decidido por parlamentos eleitos democraticamente, que apelam para o progresso civil das sociedades e da humanidade inteira. E não faltam outras formas graves de violação da Lei de Deus; penso, por exemplo, nas fortes pressões [...] para que as uniões homossexuais sejam reconhecidas como uma forma alternativa de família, à qual competiria também o direito de adoção. É lícito e mesmo forçoso perguntar se aqui não está atuando mais uma ideologia do mal, talvez mais astuciosa e encoberta, que tenta servir-se, contra o homem e contra a família, até dos direitos humanos»[20].

A essa realidade, é preciso somar o fato de que João Paulo II assumiu a cátedra de Pedro em tempos (que se vêm prolongando, em parte, até aos nossos dias) em que a crise do chamado «falso pós-Concílio» grassava na Igreja, gerando um ambiente amplamente estendido de desorientação doutrinal, disciplinar e moral, em que não faltavam erros graves e rebeldias mesmo entre os eclesiásticos, os religiosos e as religiosas.

O quadro seria de molde a fazer encolher os ânimos e suscitar uma visão pessimista do futuro. Pois bem, é justamente sobre essas sombras de fundo que resplandece mais, com fulgor de santidade, a esperança alegre, serena e segura que animou, em todos os momentos, a alma e o trabalho de João Paulo II, até ao dia da

---

(20) João Paulo II, *Memória e identidade*, págs. 22-23.

sua morte. Nunca se viu nele um gesto de desalento, uma lamúria, um comentário negativo ou amargo. Viu-se sempre, pelo contrário, um otimismo juvenil, criativo, inabalável, fundamentado numa fé igualmente jovem, renovada e inquebrantável.

«Não tenhais medo: abri as portas a Cristo!»

O otimismo do Papa não era coisa temperamental, nem uma «posição» adotada para ajudar os fiéis a superar tempos difíceis. Era a manifestação da esperança sobrenatural cristã, que vive apoiada em Deus. Essa esperança possuía raízes profundamente fincadas na alma de João Paulo II.

Todos os que vivemos, de perto ou de longe, a surpresa da eleição de João Paulo II, guardamos a lembrança do dia 22 de outubro de 1978, data do início solene do seu pontificado. Como nos dias da sua morte, uma multidão apertava-se na Praça de São Pedro. O Papa começou a pronunciar a sua homilia, no meio de um silêncio total. Pouco depois de iniciá-la, os fiéis sentiram um estremecimento no coração, porque João Paulo II, esboçando um leve sorriso, encarou o povo de frente e, com um ar jovial, seguro, tranquilo, lançou com voz clara e forte um apelo: — «Não tenhais medo! Abri as portas ou, melhor, escancarai as portas a Cristo!»

Esse apelo, que conclamava os católicos e os homens de boa vontade a olhar para o futuro com esperança, tornou-se para o Papa como que o «refrão» do seu pontificado. Dezesseis anos mais tarde, em 1994, ele mesmo glosava essas palavras numa entrevista concedida ao jornalista Vittorio Messori, transcrita no livro *Cruzando o limiar da esperança*[21]:

«*Não tenhais medo!*, dizia Cristo aos Apóstolos (Lc 24, 36) e às mulheres (Mt 28, 10), depois da Ressurreição [...]. Quando pronunciei essas palavras na

---

(21) João Paulo II, *Cruzando o limiar da esperança*, Livraria Francisco Alves Ed., Rio de Janeiro, 1995, págs. 201 e segs.

praça de São Pedro, não podia dar-me conta plenamente de quão longe elas acabariam por levar-me a mim e à Igreja inteira. O seu conteúdo provinha mais do Espírito Santo, prometido pelo Senhor Jesus aos Apóstolos como Consolador, do que do homem que as pronunciava. Todavia, com o passar dos anos, eu as recordei em várias circunstâncias. Tratava-se de um convite para vencer o medo na atual situação mundial [...]. Talvez precisemos mais do que nunca das palavras de Cristo ressuscitado: "Não tenhais medo!" Precisa delas o homem [...], precisam delas os povos e as nações do mundo inteiro. É necessário que, em sua consciência, retome vigor a certeza de que existe Alguém que tem nas mãos a sorte deste mundo que passa; Alguém que tem as chaves da morte e do além; Alguém que é o *Alfa* e o *Ômega* da história do ser humano. E esse Alguém é Amor, Amor feito homem, Amor crucificado e ressuscitado. Amor continuamente presente entre os homens. É Amor eucarístico. É fonte inesgotável de comunhão. Somente Ele é que dá a plena garantia às palavras: "Não tenhais medo"».

É emocionante verificar que a mesma esperança da primeira mensagem de João Paulo II animou a sua última mensagem. No domingo, dia 3 de abril de 2005, o arcebispo Sandri leu à multidão congregada na praça de São Pedro a última alocução preparada com antecedência pelo Papa, que falecera no dia anterior. Era seu desejo pronunciá-la no encontro tradicional da hora do *Ângelus* desse dia (hora do *Regina Coeli*, pois era tempo pascal): «... À humanidade — dizia — , que às vezes parece perdida e dominada pelo poder do mal, do egoísmo e do medo, o Senhor ressuscitado oferece a sua misericórdia como dom do seu amor que perdoa, reconcilia e reabre o ânimo à esperança. É um amor que converte os corações e doa a paz. Quanta necessidade tem o mundo de compreender e acolher a Divina Misericórdia! Senhor, que com a vossa morte e ressurreição revelais o amor do Pai, nós acreditamos em Ti e hoje te repetimos com confiança: "Jesus, confio em Ti! Tem misericórdia de nós e do mundo inteiro!"» A mensagem terminava convidando a «contemplar com os olhos de Maria o imenso mistério desse amor misericordioso que brota do coração de Cristo».

OS SEGREDOS DA ESPERANÇA

A *Epístola aos Hebreus* diz que «a fé é o fundamento da esperança» (Hb 11, 1). Assim foi, sem dúvida, na vida de João Paulo II.

No livro *Cruzando o limiar da esperança*, o Papa perguntava-se: «Por que não devemos ter medo?» E respondia: «Porque o ser humano foi redimido por Deus [...]. *Deus amou tanto o mundo que entregou o seu Filho Unigénito* (Jo 3, 16). Esse Filho continua na história da humanidade como Redentor. A revelação divina perpassa toda a história do ser humano e prepara o seu futuro... É a luz que *resplandece nas trevas* (cf. Jo 1, 5). *O poder da Cruz de Cristo e da sua Ressurreição é maior que todo o mal de que o homem poderia e deveria ter medo*» — conclui, grifando explicitamente a última frase[22].

Na verdade, é nesta última frase que se encerra todo o segredo da esperança cristã. O biógrafo George Weigel, referindo-se a um comentário feito pelo dissidente iugoslavo Milovan Djilas, no sentido de que aquilo que mais o havia impressionado no Papa fora perceber que era um homem totalmente destemido, esclarecia o verdadeiro caráter dessa coragem: «Trata-se de uma audácia inequivocamente cristã. Na fé cristã, o medo não é eliminado, mas transformado através de um encontro pessoal profundo com Cristo e com a sua Cruz. A Cruz é o lugar em

---

(22) João Paulo II, *Cruzando o limiar da esperança*, pág. 202.

que todo o medo humano foi oferecido pelo Filho ao Pai, livrando-nos a todos do medo»[23].

Alguns anos depois, em 2005, João Paulo II corroborava essa interpretação. No livro *Memória e Identidade*, diz: «Porventura não é o mistério da Redenção [da Cruz, da Morte e da Ressurreição de Cristo] a resposta ao mal histórico que retorna, sob as mais variadas formas, nos acontecimentos do homem? Não será a resposta também ao mal do nosso tempo? [...]. Se olharmos com olhos mais clarividentes a história dos povos e das nações que passaram pela prova dos sistemas totalitários e das perseguições por causa da fé, descobriremos que foi então precisamente que se revelou com clareza a presença vitoriosa da Cruz de Cristo [...] como promessa de vitória [...]. Se a Redenção constitui o limite divino posto ao mal, isso se verifica

---

(23) George Weigel, *Testemunho de esperança*, pág. 696.

apenas porque nela o mal é radicalmente vencido pelo bem, o ódio pelo amor, a morte pela ressurreição»[24]. Cristo vence o mundo do mal, do pecado, vence o Inimigo, vence a morte. E a sua vitória é nossa: *Esta é a vitória que vence o mundo, a nossa fé* (1 Jo 5, 4).

Com essa mesma esperança bem fundada, o Papa entrava — e nos ajudava a entrar com ele — no novo milênio, oferecendo-nos, na Carta apostólica *Novo millennio ineunte* («No início do novo milênio»), de 6 de janeiro de 2001, todo um programa vibrante e otimista para o período que se iniciava. Também nessa carta, a alegre esperança brotava da fé em Cristo Redentor, ressuscitado, vivo, que «não nos deixou órfãos» (cf. Jo 14, 18), que nos prometeu «estar conosco todos os dias até o fim do mundo» (cf. Mt 28, 20). «Agora é para Cristo ressuscitado que a Igreja olha», escrevia. «Passados

---

(24) João Paulo II, *Memória e identidade*, págs. 30-33.

dois mil anos sobre esses acontecimentos (Paixão, Morte e Ressurreição de Cristo), a Igreja revive-os como se tivessem sucedido hoje. No rosto de Cristo, ela — a Esposa — contempla o seu tesouro, a sua alegria [...]. Confortada por essa experiência revigoradora, a Igreja retoma agora o seu caminho para anunciar Cristo ao mundo no início do terceiro milênio: Ele *é o mesmo ontem, hoje e sempre* (Hb 13, 8)»[25].

Um luminoso amanhecer

Quem lê esse documento (e é importante relê-lo e meditá-lo muitas vezes!), pode ter inicialmente a impressão de um excesso de otimismo. O Papa fala com tanto entusiasmo do futuro da Igreja! Vê o mundo como um mar aberto diante dos cristãos, imenso, fabuloso, um mar para o qual Cristo acena, enquanto

---

(25) João Paulo II, Carta apostólica *Novo millennio ineunte*, n. 28.

olha para nós e nos lança para ele com a mesma palavra de ordem que dirigiu a Pedro, pescador, no mar da Galileia, após uma noite triste de fracassos: *Duc in altum!* — *Avança para águas mais profundas e lança as tuas redes para a pesca!* (Lc 5, 3-4).

Esperança não é ilusão. Otimismo não é fechar os olhos e achar que tudo é azul. O Papa João Paulo II tinha — já o dissemos antes — plena consciência da presença abundante do mal no nosso mundo, da grande quantidade de joio, de planta daninha, misturada no meio do bom trigo. Mas não se esquecia de que Jesus, com a parábola do trigo e o joio (cf. Mt 13, 24 e segs.), quis garantir-nos que haverá trigo e promessa de belas colheitas até o fim do mundo. O pessimista vê o joio. O otimista vê o trigo, e sente a responsabilidade de cuidá-lo, aumentá-lo, estendê-lo, fazê-lo crescer. «O modo como o mal cresce e se desenvolve no terreno sadio do bem — escreve o Papa Wojtyla — constitui um mistério; e mistério é também aquela parte de bem que o mal não conseguiu destruir e que se propaga apesar do mal, e cresce no mesmo terreno [...]. O trigo cresce juntamente com o joio e, vice-versa, o joio com o trigo. A história da humanidade é o palco da coexistência do bem e do mal. Isto significa que, se o mal existe ao lado do bem, então está claro que o bem, ao lado do mal, persevera e cresce»[26].

Da mesma forma, na Carta *Mane nobiscum Domine* para o Ano da Eucaristia (2005), João Paulo II reafirmava o otimismo da carta do novo milênio, sem deixar de registrar o fato de que o mal, não só não diminuiu, como até parece ter crescido sob vários aspectos, desde que o novo milênio começou. Evocava as celebrações do Jubileu do ano 2000 e dizia: «Sentia que essa ocasião histórica se delineava no horizonte como uma grande graça. Não me iludia, por certo, com a ideia de que

---

(26) João Paulo II, *Memória e identidade*, pág. 14.

uma simples passagem cronológica, ainda que sugestiva, pudesse por si mesma comportar grandes mudanças. Os fatos, infelizmente, encarregaram-se de pôr em evidência, depois do início do milênio, uma espécie de crua continuidade dos acontecimentos precedentes e, com frequência, dos piores dentre esses». Mas nem por isso deixava de incentivar os cristãos a «testemunhar com mais força a presença de Deus no mundo», e proclamava, «mais convencido que nunca», a certeza de que Cristo «está no centro, não apenas da história da Igreja, mas também da história da humanidade» e de que, por isso, só «nEle o homem encontra a redenção e a plenitude»[27].

João Paulo II já está com Deus, na vida que não morre mais. Mas a sua esperança continua a ser luz que ilumina os olhos da alma e enche de coragem o coração. O novo Papa Bento XVI sente-se

---

(27) João Paulo II, Carta apostólica *Mane nobiscum Domine*, 07.10.2004, ns. 6 e segs.

devedor dessa esperança e quer ser o novo porta-voz dela. Na sua primeira mensagem, dirigida na Capela Sistina aos cardeais que o elegeram, a vinte de abril de 2005, disse: «Tenho a impressão de sentir a mão forte do meu predecessor, João Paulo II, que estreita a minha. Parece que vejo os seus olhos sorridentes e que ouço as suas palavras, dirigidas neste momento particularmente a mim: "Não tenhais medo!"»

A bandeira da esperança de João Paulo II continua desfraldada: «Sigamos em frente com esperança», repete-nos. «Diante da Igreja abre-se um novo milénio como um vasto oceano onde se aventurar com a ajuda de Cristo. O Filho de Deus, que se encarnou há dois mil anos por amor do homem, continua também hoje em ação [...]. Agora Cristo, por nós contemplado e amado, convida-nos uma vez mais a pôr-nos a caminho [...], convida-nos a ter o mesmo entusiasmo dos cristãos da primeira hora. Podemos contar com a força do mesmo Espírito que foi derramado no Pentecostes e nos impele hoje a partir de novo sustentados pela esperança, *que não nos deixa confundidos* (Rm 5, 5)»[28].

Eis uma grande lição de esperança. Também neste ponto, antes de encerrar a reflexão, desejaria fazer um pequeno inciso, para pedir a Deus que nos conceda, como um dom precioso da sua graça, muitos pais, pastores de almas e mestres capazes de acolher e acalentar no coração essa chama de esperança cristã que João Paulo II nos legou. Oxalá se multipliquem, por bondade de Deus, os pais e mestres que se decidam a «pôr-se a caminho» e se empenhem em colaborar eficazmente, com o seu exemplo e a sua palavra, no surgimento de uma nova leva de filhos de Deus, de homens e mulheres «novos» — purificados das dúvidas e confusões dos últimos quarenta anos — que sejam verdadeira luz, que sejam sal e fermento

---

[28] João Paulo II, Carta apostólica *Novo millennio ineunte*, n. 58.

divino, e saibam imprimir o «rosto de Cristo» neste mundo nosso!

* * *

No verão de 1997, João Paulo II convidou a passar uns dias com ele, em Castelgandolfo, um casal de amigos polonenses, velhos companheiros de luta pela fé e pela liberdade, Piotr e Teresa Malecki. «O quarto deles — relata George Weigel — ficava mesmo por baixo do seu e, todas as manhãs antes de amanhecer, sabiam pelo baque surdo da sua bengala que já se tinha levantado. Certo dia, à hora do café da manhã, o Papa perguntou-lhes se o barulho os incomodava. Responderam-lhe que não, pois de qualquer forma já tinham de se levantar para a Missa. "Mas, *Wujek* — perguntaram —, por que você se levanta tão cedo?"

«Porque — disse Karol Wojtyla, 264º bispo de Roma — gosto de contemplar o amanhecer»[29].

---

(29) George Weigel, *Testemunho de esperança*, pág. 696.

* * *

Ao Papa João Paulo II podem-se aplicar, com toda a razão, as palavras com que, certa vez, Cristo fez a breve biografia de São João Batista: *João era uma lâmpada que ardia e iluminava* (cf. Jo 5, 35).

Não será a hora de pedir a intercessão dele, diante de Deus, para que algum dia essas palavras possam aplicar-se também aos pais e orientadores que leram estas páginas, e, de modo geral, a todos nós?

Direção geral
Renata Ferlin Sugai

Direção editorial
Hugo Langone

Produção editorial
Juliana Amato
Ronaldo Vasconcelos
Daniel Araújo

Capa
Provazi Design

Diagramação
Sérgio Ramalho

ESTE LIVRO ACABOU DE SE IMPRIMIR
A 24 DE OUTUBRO DE 2024,
EM PAPEL OFFSET 75 g/m².